新时代大学美育与劳动教育系列教材

新时代大学生劳动教育

XINSHIDAI DAXUESHENG LAODONG JIAOYU

（高职版）

主　编 ◎ 李洪渠
副主编 ◎ 耿保荃　宋移安　胡昌杰　段永发　余荣宝　易　操

组　编 ◎ 湖北省高等教育学会

中国·武汉

内 容 简 介

本教材根据《中共中央 国务院关于全面加强新时代大中小学劳动教育的意见》《教育部关于印发〈大中小学劳动教育指导纲要(试行)〉的通知》(教材〔2020〕4号)等文件要求,结合高职学生特点和高职院校劳动教育的需要,由湖北省高等教育学会组织编写。全书分为上下篇。上篇为理论篇,包括劳动精神、工匠精神、劳模精神、劳动法规、劳动安全共5个专题;下篇为实践篇,包括日常生活劳动、服务性劳动、生产劳动共3个模块。

本教材内容设计完整,从知识点学习到学习后的评价与总结,形成了一个有效的闭环;形式设计新颖,评价与总结等内容单独装订成册作为学习成果展示;配套丰富的教学资源,方便师生学习使用。

图书在版编目(CIP)数据

新时代大学生劳动教育:高职版/李洪渠主编;湖北省高等教育学会组编. —武汉:华中科技大学出版社,2023.7(2025.7重印)
ISBN 978-7-5680-9584-6

Ⅰ.①新… Ⅱ.①李… ②湖… Ⅲ.①劳动教育-高等职业教育-教材 Ⅳ.①G40-015

中国国家版本馆 CIP 数据核字(2023)第 110433 号

新时代大学生劳动教育(高职版) 　　　　　　　　　　　　　　李洪渠　主编
Xinshidai Daxuesheng Laodong Jiaoyu(Gaozhi Ban)　　湖北省高等教育学会　组编

策划编辑:	俞道凯　王　勇
责任编辑:	刘　飞
封面设计:	廖亚萍
责任监印:	周治超
出版发行:	华中科技大学出版社(中国•武汉)　　电话:(027)81321913
	武汉市东湖新技术开发区华工科技园　　邮编:430223
录　　排:	武汉三月禾文化传播有限公司
印　　刷:	武汉市洪林印务有限公司
开　　本:	787mm×1092mm　1/16
印　　张:	12.5
字　　数:	221 千字
版　　次:	2025 年 7 月第 1 版第 4 次印刷
定　　价:	39.80 元(含学习成果)

本书若有印装质量问题,请向出版社营销中心调换
全国免费服务热线:400-6679-118　竭诚为您服务
版权所有　侵权必究

新时代大学美育与劳动教育系列教材编审委员会

主 任

周应佳

副主任

周 峰　龚发云　李洪渠　范明华

编 委（按姓氏笔画排序）

丁官元	马 丹	王世敏	王孝斌	王宏勋
向 丽	刘彦博	孙国胜	李 明	李幼平
肖 静	余荣宝	宋移安	张 樊	张红霞
张承涛	张斯民	陈 戎	尚 洁	易 操
周 进	周建伟	周思柱	於建伟	胡志华
胡昌杰	耿保荃	黄小妹	喻发全	蔺绍江

编写说明

根据《中共中央 国务院关于全面加强新时代大中小学劳动教育的意见》、《教育部关于印发〈大中小学劳动教育指导纲要(试行)〉的通知》(教材〔2020〕4号)、《省人民政府关于印发全面加强新时代大中小学劳动教育若干措施的通知》(鄂政发〔2020〕18号)等文件要求,为了满足高职院校劳动教育的教学需要,湖北省高等教育学会组织编写了教材《新时代大学生劳动教育(高职版)》。

本教材针对高职学生的特点和高职院校劳动教育的教学需要编写,分为上、下篇。上篇为理论篇,围绕劳动精神、工匠精神、劳模精神、劳动法规、劳动安全等学生关注的具体知识点展开;下篇为实践篇,围绕日常生活劳动、服务性劳动、生产劳动等可具体操作的任务展开。

本教材的编写特点主要表现在三个方面。一是劳动教育内容设计完整,从知识点学习到学习后的评价与总结,形成了一个有效的闭环。二是教材设计形式新颖,"学习评价""学习总结""实践任务""任务评价"等内容单独装订成册。"学习评价"部分设计了评价标准,可对照检查学习情况;"学习总结"部分设计了留白,可填写学习感受或收获;"实践任务"部分按照工单模式设计,可根据工单的具体内容进行填写;"任务评价"部分设计了评价标准,可对照检查任务完成情况。这些内容可作为学生学习成果的展示。三是教材配套数字化教学资源,方便师生使用。线上学习资源,学生扫二维码即可观看;教学课件(PPT)资源,教师可参考使用;学习评价与考核融入教学过程中,教师不需要再单独组织考核。

共有11所高职院校参与本教材编写:专题一由湖北城市建设职业技术学院编写;

专题二由襄阳职业技术学院编写;专题三由武汉职业技术大学、湖北轻工职业技术学院编写;专题四由湖北科技职业学院、武汉交通职业学院编写;专题五由湖北交通职业技术学院、湖北水利水电职业技术学院编写;模块一由武汉船舶职业技术学院编写;模块二由湖北职业技术学院编写;模块三由武汉城市职业学院编写。湖北工业大学职业技术师范学院院长马丹教授、武汉职业技术大学社会职业与职业教育研究院向丽副教授审阅了书稿并对编写工作进行了专业指导。

本教材疏漏之处,敬请读者批评指正。

编　者

目 录
Contents

上篇　理论篇

专题一　劳动精神 ··· 3
主题1.1　崇尚劳动、热爱劳动 ································· 5
主题1.2　辛勤劳动、诚实劳动 ································· 10

专题二　工匠精神 ··· 13
主题2.1　执着专注、精益求精 ································· 15
主题2.2　一丝不苟、追求卓越 ································· 17

专题三　劳模精神 ··· 19
主题3.1　爱岗敬业、争创一流 ································· 21
主题3.2　艰苦奋斗、勇于创新 ································· 25
主题3.3　淡泊名利、甘于奉献 ································· 28

专题四　劳动法规 30
主题 4.1　劳动法 31
主题 4.2　劳动合同法 36
主题 4.3　知识产权法 40

专题五　劳动安全 44
主题 5.1　劳动安全常识 46
主题 5.2　安全防范技能 52
主题 5.3　岗位实习安全 59

下篇　实践篇

模块一　日常生活劳动 65
任务 1.1　开展宿舍卫生劳动 65
任务 1.2　个人空间的整理收纳 70
任务 1.3　宣传垃圾分类政策 73
任务 1.4　开展"6S"实训室劳动 76

模块二　服务性劳动 79
任务 2.1　志愿服务要求与技能 79
任务 2.2　会议接待标准与流程 85
任务 2.3　急救护理的要点与流程 90
任务 2.4　消防灭火的常识与流程 100

模块三　生产劳动 ·· 108
　任务 3.1　绕线画的制作 ·· 108
　任务 3.2　杆秤的设计与制作 ···································· 112
　任务 3.3　古法蒸青制茶及冲泡 ·································· 115
　任务 3.4　3D打印的技术与步骤 ·································· 119

二维码资源使用说明

本书配套数字资源以二维码的形式在书中呈现,读者用智能手机在微信端扫码成功后提示微信登录,授权后进入注册页面,填写注册信息。按照提示输入手机号后点击获取手机验证码,在提示位置输入验证码,按要求设置密码,点击"立即注册",注册成功(若手机已经注册,则在"注册"页面底部选择"已有账号? 马上登录",进入"用户登录"页面,然后输入手机号和密码,提示登录成功)。接着提示输入学习码,需刮开教材封底防伪涂层,输入13位学习码(正版图书拥有的一次性使用学习码),输入正确后提示绑定成功,即可查看二维码数字资源。手机第一次登录查看资源成功,以后便可直接在微信端扫码登录,重复查看本书所有的数字资源。

友好提示:如果读者忘记登录密码,请在 PC 端输入以下链接 http://jixie.hustp.com/index.php? m=Login,先输入自己的手机号,再单击"忘记密码",通过短信验证码重新设置密码即可。

上篇 理论篇 Theory

专题一 劳动精神

导读导学

习近平总书记指出:"劳动是人类的本质活动,劳动光荣、创造伟大是对人类文明进步规律的重要诠释。"人的进化是劳动工具和劳动方式的进化,人类及人类文明的一切成就都源自劳动创造。劳动是真正属于人的本质性力量。中华民族是崇尚劳动、善于创造的民族,因而创造了灿烂辉煌的古代文明和今天的"中国奇迹"。泱泱中华上下五千年,从河姆渡、半坡聚落,到夏商周,再到先秦两汉、唐宋元明清民国,直到如今,一项项物质文明和精神文明成果无一不在向人们昭示着这个基本道理:劳动创造幸福生活。劳动是一切成功的必经之路,人只有通过辛勤劳动、诚实劳动、创造性劳动,才能实现自己的人生价值。

劳动创造幸福,实干成就伟业。希望广大劳动群众大力弘扬劳模精神、劳动精神、工匠精神,勤于创造、勇于奋斗,更好发挥主力军作用,满怀信心投身全面建设社会主义现代化国家、实现中华民族伟大复兴中国梦的伟大事业。

——2021年4月30日,习近平向全国广大劳动群众致以节日的祝贺和诚挚的慰问

案例引入

幸福生活是什么？揭秘幸福生活来源的密码

愿你三冬暖，愿你春不寒；愿你天黑有灯，下雨有伞。你是否想过，当你在冬天开着暖气网上冲浪，夏天开着空调享受凉爽时，是哪些人在背后默默付出呢？

国网天津市电力公司滨海供电分公司配电抢修一班班长张黎明，是党的十九大代表、全国优秀共产党员。他人如其名，31 年来，始终秉承"人民电业为人民"的宗旨，扎根一线。巡视、抢修、操作……在看似简单的工作中，他坚持把简单的事情重复做、重复的事情用心做，工余时间巡线 8 万多公里，亲手绘制线路图 1500 余张，累计完成故障抢修、倒闸操作等 2 万余次，从未发生过安全事故，梳理分析上万个故障，练就了快速处理故障的绝活。他极少关手机，有时夜里听到下雨，就起来穿戴好，把手机握在手里，或者干脆到班里看看，为的就是能在第一时间赶到抢修现场。翻开抢修工作单，大多数的抢修工作单上都有"张黎明"的名字。因此，他被称为"点亮万家的蓝领工匠"。

张黎明一身工装四季穿在身，代表对自身岗位的无限热爱。他说："我要时时刻刻牢记自己是一名电力职工，时时刻刻践行人民电业为人民的宗旨。"

（资料来源：党建网——《张黎明：点亮万家灯火 光明温暖人生》）

> 讨论：
> 1. 要想创造幸福生活，需要高素质的劳动者。劳动者的素质包括哪些方面？
> 2. 结合自己所学专业和社会发展的需要，谈谈你在劳动中锻炼技能、提升素养的计划。

学习目标

【素质目标】

1. 树立以辛勤劳动为荣、以好逸恶劳为耻的劳动观。

2.增强劳动责任感、使命感和荣誉感。

【知识目标】

1.理解劳动创造幸福生活的内涵。

2.懂得劳动最光荣、劳动最崇高、劳动最伟大、劳动最美丽的道理。

【能力目标】

1.会从身边事做起,积极参加学校和家庭的各项劳动。

2.做热爱劳动、勤于劳动、善于劳动的高素质劳动者。

主题1.1 崇尚劳动、热爱劳动

一、崇尚劳动

1.劳动的内涵与外延

何为劳动?《说文·力部》中指出:"劳,剧也。从力,荧省。荧,火烧冂,用力者劳。""劳"的本义为用语言或实物慰问。因为有功绩才有犒劳,故引申指功绩。功劳是花力气换来的,也引申泛指人类创造物质财富或精神财富的活动。"劳"字的字形演变如图1所示。

图1 "劳"字的字形演变

《说文·力部》中指出:"动,作也。从力,重声。""动"的本义为改变事物原来的位置或状态,如"风吹草动""流动";又指使事物原来的位置或状态改变,如"兴师动众"。"动"字的字形演变如图2所示。

图 2 "动"字的字形演变

在现实生活中"劳"和"动"密切相关,不可分离。"劳动"本身,就是人们为了生存和生活而不得不从事生产、致力工作的过程。劳动是人类维持自我生存和自我发展的重要手段,是主体、客体和意义的集合。所以,"劳动"对于全人类都有着重要的价值与作用。

2. 劳动的意义

劳动是人生存、发展的力量之一。在劳动的直接推动下,人类经历了从早期猿人到晚期智人的发展过程。劳动促使人类的脑容量不断增大优化,使人类的体态特征越来越区别于猿而近似于现代人,并且使劳动工具日益改进和多样化,人类智力得到发展,物质生活逐渐丰富起来。

劳动是人类生存和发展的第一要务。自古以来,中国就是一个农业大国。农业和农耕文化在国民生活中起着举足轻重的作用。《史记》有云"仓廪实而知礼节,衣食足而知荣辱"。仓廪实的根本就在于需要不停地做好农耕生产劳动。会劳动也是人与动物的最大区别。有些动物以毛皮为衣,以草木为食,故不用耕作,也无须纺织,就能生存。但人却不同,人如果想要在这个世界上生存下去,就必须劳动。所以《墨子》有云"赖其力者生,不赖其力者不生",讲的也是这个道理。

劳动是人类创造自己和改变世界的必由之路。马克思曾在《1844年经济学哲学手稿》中指出:"正是在改造对象世界中,人才真正地证明自己是类存在物。这种生产是人的能动的类生活。通过这种生产,自然界才表现为他的作品和他的现实"。恩格斯在《劳动在从猿到人转变过程中的作用》中指出:"其实劳动和自然界一起才是一切财富的源泉,自然界为劳动提供材料,劳动把材料变为财富。但是劳动还远不止如此。它是整个人类生活的第一个基本条件,而且达到这样的程度,以致我们在某种意义上不得不说:劳动创造了人本身"。

崇尚劳动正是对劳动的价值认同。劳动创造了人类生存所必需的全部物质条件和精神条件,是人类存在和社会发展的前提。人们从劳动过程中获得快乐,从劳动果实中赢得尊重。人类之所以发展,社会之所以进步,其原动力就是对劳动的科学认知和矢志传承。

3. 劳动的价值

功崇惟志,业广惟勤。民生在勤,勤则不匮。习近平总书记强调:"劳动是一切成功的必经之路。"人民群众的劳动推动了社会的发展和进步。我国全面建成小康社会,进而建成富强、民主、文明、和谐、美丽的社会主义现代化国家,从根本上说,也是靠劳动、靠劳动者的创造。要实现奋斗目标,归根到底要靠辛勤劳动、诚实劳动、科学劳动。

劳动者的光荣,体现在劳动者创造的价值和人类在劳动实践中自身素质的提升。"三百六十行,行行出状元。"我们的劳动者代表,有百废待兴、百业待举的社会主义革命和建设时期出现的"铁人"王进喜,有在中华民族复兴的伟大征程中解决十几亿人口温饱问题的袁隆平,有长年驻扎在贫困地区带领乡亲致富的基层工作者,有埋首科研不断突破的专家、学者,有投身美丽乡村建设的现代农业创业者……虽然这些人来自不同领域、不同行业、不同地方,但他们都有着一个共同点——勤勤恳恳,坚守劳动初心。他们是普通劳动者,但他们以果敢担当、拼搏创新、爱岗敬业、艰苦奋斗的精神诠释了劳动的意义和价值,以及劳动者的光荣与尊严。无论是大国工匠,还是专家、学者;无论是种田能手,还是妙手回春的名医,他们的声誉都是通过不懈的劳动创造成就的。他们都在劳动中诠释着劳动的价值与作用。

实现中国梦,让全体人民过上更加美好的生活,任重而道远,需要每一个中华儿女付出辛勤劳动和艰苦努力。我们每个人,都应在劳动中实现自己的价值。因此,我们要营造崇尚劳动、尊重劳动、热爱劳动的社会氛围,让每一个人都能通过诚实劳动追求到属于自己的幸福、实现自己的人生价值。

一勤天下无难事。当代大学生们应当大力弘扬劳动者的奋斗精神和精益求精的工作态度,充分认识劳动创造价值的意义,将劳动最光荣、劳动最崇高、劳动最伟大、劳动最美丽的价值观铭刻在心里,用创造性劳动改变生活、建设祖国,用奋斗的青春描绘出一幅中华民族伟大复兴的美丽画卷。

二、热爱劳动

1. 劳动创造美好生活

习近平总书记多次强调,"幸福不会从天降,美好生活靠劳动创造""幸福都是奋斗出来的""永远把人民对美好生活的向往作为奋斗目标"。劳动是个人实现人生价值、享受美好生活的基本途径。从劳动为个人服务,到劳动服务社会,从一个人独自劳动,到一群人团结劳动,其实你我的生活都离不开劳动。美好的生活需要通过我们一起劳动来创造,这是新时代赋予劳动的新动能,充分调动起人们作为劳动主体的积极性,使之为了实现美好目标而奋斗,是新时代对人们提出的新要求。

劳动是人类最基本的生产活动,也是为了生存和发展而采取的最迫切的活动,劳动在人的幸福生活中发挥着巨大作用。正是通过劳动,人才具有了追求美好生活的基本条件和途径。劳动不仅造就了人类的标志特性,使之有能力、有可能追求美好生活,并且在劳动实践的基础上,人的本质力量不断地增强,各种生活需求也更为丰富且广泛。人们不再满足于丰衣足食,而是要从中获取更多的满足感和幸福感,而这些都需要通过加倍的劳动获得。从这方面来说,劳动促进了人的自身发展,使人追求美好生活成为一种必然。

美好生活,作为一种生活目标,它是人在实践中形成、有可能实现的未来理想生活状态。正如马克思提出:"劳动已经不仅仅是谋生的手段,而且本身成了生活的第一需要"。这就要求我们把握好"美好生活靠劳动创造"这一基本价值指向,正确认识劳动在人的生存和发展中的重要地位,同时相信通过劳动肯定能实现人的美好向往,实现人生价值。

2.热爱源于不断追求

热爱劳动是对劳动的情感认同。情感是态度的核心成分。热爱劳动是在对劳动崇尚和追求的基础上，对劳动行为的一种内在选择和情感表达，比崇尚劳动上升了一个层次，即对劳动的态度由自在阶段达到自为阶段，表现为对劳动内心的热爱和行为的习惯。

从崇尚劳动到热爱劳动，也是对中华优秀传统文化的一种传承。我国虽饱经沧桑、历经磨难，但仍能巍然屹立于世界东方，一个重要原因就是中华民族勤于劳动、热爱劳动，善于通过劳动创造奇迹。劳动创造了中华民族的辉煌历史，也创造出了以辛勤劳动为荣、以好逸恶劳为耻的中华民族文化基因。几千年来，中华民族就有"士无事而食，不可也""忧劳可以兴国，逸豫可以亡身"的古训。劳动精神深深扎根于中国这片广袤的土地，根植于中华优秀传统文化沃土，具有极其鲜明的中国特色、民族特色和时代特色。伟大的中国人民，在千百年来的劳动创造中，收获了光辉灿烂的文明成果，这些文明成果成为劳动精神产生和发展的动力之源。

劳动没有高低贵贱之分，任何一份职业都很光荣。无论从事什么职业，都要干一行、爱一行、钻一行。劳动精神最主要的意蕴就是人人皆追求诚实劳动的精神，每个人都要对本职工作尽心尽职。中铁一局电务公司电力高级技师窦铁成凭借钻研深挖的工作态度和炉火纯青的技术，先后提出设计变更7次，解决送电运行故障400余次，并且主动攻关新课题，解决新难题，累计为企业节约成本近1800万元。王启明对推动我国半导体器件与光电子集成领域的学术繁荣、学科发展、技术创新与产业振兴作出了重要贡献，受到了国内外同行的高度认可，被誉为我国半导体光电子事业的"启明星"。

> **知识拓展**

习近平崇敬劳模，也热爱劳动。不满16岁，他就到陕北农村插队，种地、拉煤、打坝、挑粪……一干就是7年。请扫二维码观看"崇尚劳动的习近平"。

崇尚劳动的习近平

主题1.2 辛勤劳动、诚实劳动

习近平总书记在北京大学师生座谈会上讲到"做人做事,最怕的就是只说不做,眼高手低。不论学习还是工作,都要面向实际、深入实践,实践出真知;都要严谨务实,一分耕耘一分收获,苦干实干。"

中国人自古秉承的"一勤天下无难事"的劳动信念依然熠熠生辉。中国航天五十载从一无所有到满天繁星,在迎来中国共产党成立一百周年的重要时刻我国脱贫攻坚战取得了全面胜利……这一系列举世瞩目的成就与中华民族的辛勤劳动和诚实劳动的品德密不可分。

广大青年要努力成为有理想、有学问、有才干的实干家,在新时代干出一番事业,就应该在学习、工作、做人、做事方面培养辛勤劳动与诚实劳动的优秀品质,练就过硬本领,提高综合素质。

一、辛勤劳动

"民生在勤,勤则不匮。"辛勤劳动是诚实劳动的基本前提。辛勤劳动有勤劳和勤学两方面的内容。

勤劳,强调的是勤奋努力、实干苦干;勤学,强调的是开拓进取、勤勉为人。这与我国源远流长的"耕读文化"不谋而合。"耕"指的是从事农业生产劳动,耕田可以事稼穑,丰五谷,养家糊口,以立性命;"读"即读书,读书可以知诗书、达礼仪,修身养性,以立高德。从"韦编三绝""囊萤映雪""凿壁偷光"勤奋学习的榜样到《庄子·养生主》里的"庖丁解牛"、宋代欧阳修《卖油翁》故事中的"无他,但手熟尔",以及明代魏学洢《核舟记》中记载的民间微雕艺人王叔远等技艺精湛的工匠艺人,都反映了古代的"耕读文化"是一种踏实勤奋、开拓进取、勤勉为人的高尚情怀、价值追求与文化修养,同时也是一种"耕以致富,读以荣身"的朴素愿望。

回望历史长河,任何一点进步、任何一次成功都是由人民的艰苦奋斗、辛勤劳动创造出来的。如果没有辛勤奋斗,一切都是徒劳。梦想与现实之间隔着"辛勤奋斗"的距离。当代大学生正处于人生中最有活力、最富激情、最具闯劲的青年阶段,只有依靠勤奋不辍、持之以恒的辛勤劳动,才能把人生梦想变成现实。然而一部分高校大学生常说"佛系、都行、没关系、可以躺平",心中虚构一番人生宏伟蓝图却整天在宿舍睡懒觉,那么梦想将永远停留在梦里。这种情况是劳动观念淡薄、劳动价值模糊的体现。因此大学生要树立劳动是实现个人梦想的必要手段的正确价值观,坚持在课堂学习、实训实践、自我学习等环节上付出辛勤劳动,在体味艰辛和挥洒汗水中磨炼自己,培养艰苦奋斗、顽强拼搏的品质。

二、诚实劳动

空谈误国,实干兴邦。诚实劳动是辛勤劳动的延伸和表现。诚实劳动,是指劳动者以积极、实干、诚信的态度为他人和社会提供产品、服务,要求劳动者合法合理劳动,要求劳动者在不违背法律法规的前提下从事有道德的劳作。

在五千年历史长河中,勤劳的中国人民在与灾害抗争的过程中,创作出精卫填海、愚公移山、大禹治水等神话传说,反映了古人为追求美好生活,诚信积极、实干苦干、自强不息的精神。古代文人墨客为讴歌劳动人民诚实劳动、自强不息的精神,留下了很多赞美的诗篇。李绅在《悯农》中描述诚实劳作的农民"锄禾日当午,汗滴禾下土。谁知盘中餐,粒粒皆辛苦。"苏轼在《赠眼医王生彦若》中描述诚实劳动的医者"针头如麦芒,气出如车轴。间关络脉中,性命寄毛粟。"范仲淹在《江上渔者》中描述诚实劳动的渔翁"江上往来人,但爱鲈鱼美。君看一叶舟,出没风波里。"高启在《养蚕词》中描述诚实劳动的养蚕人"三眠蚕起食叶多,陌头桑树空枝柯。新妇守箔女执筐,头发不梳一月忙。"古代的劳动人民在各行各业辛勤劳动、实干苦干的形象深远地影响着后代。

习近平总书记曾经生动地描述过诚实劳动的情景:"在工厂车间,就要弘扬工匠精神,精心打磨每一个零部件,生产优质的产品。在田间地头,就要精心耕作,努力赢得丰收。在商场店铺,就要笑迎天下客,童叟无欺,提供优质的服务。"伟大出自平凡,英雄来自人民。武汉长江大桥在桥梁专家茅以升的主持下,1955年9月正式动工建设,两年后胜利竣工通车,毛泽东同志留下了"一桥飞架南北,天堑变通途"的名句。武汉长江大桥在建成的60多年中多次被撞,经历过多次洪峰的侵袭,依旧"身强力壮,精神抖擞",大桥的数百万颗铆钉无一颗松动,这样的伟大作品来自于数万名建设者的诚实劳动。

新修订的《中华人民共和国职业分类大典》围绕数字经济、绿色经济、制造强国和依法治国等要求,专门增设或调整了相关中类、小类和细类(职业),修订版中包括8个大类、79个中类、449个小类、1636个细类(职业)。新时代的青年在各个劳动岗位上,要做到诚实劳动,都需要从以下方面做起:一方面,我们应对所从事劳动必备的知识、技能、技巧有正确的认识,理性判断自我的劳动素质并作出合理的自我定位;另一方面,要立足岗位踏实劳动,求真学问,练真本领,实事求是地对待劳动成果。摒弃弄虚作假之风,反对一切不劳而获和投机取巧的思想和行为,积极弘扬劳动精神、劳模精神和诚信文化,依靠诚实劳动实现人生梦想。于个人而言,唯有诚实劳动,才能最大限度地保障和实现人的自由发展;于国家而言,诚实劳动是提升国力的基石和坚守国格的精神基因。

知识拓展

脑力劳动和体力劳动的有关知识,请扫二维码观看。

脑力劳动和体力劳动

请扫二维码,完成在线练习。

专题一思考练习

(作者:湖北城市建设职业技术学院　岳晓瑞　郭晓松)

专题二 工匠精神

党的十八大以来,习近平总书记多次强调要弘扬工匠精神。党的十九大报告提出"弘扬劳模精神和工匠精神"。党的十九届四中全会提出"弘扬科学精神和工匠精神,加快建设创新型国家"。习近平总书记曾在2020年召开的全国劳动模范和先进工作者表彰大会上精辟概括了工匠精神的深刻内涵——执着专注、精益求精、一丝不苟、追求卓越。

技术工人是支撑中国制造、中国创造的重要基础。要完善和落实技术工人培养、使用、评价、考核机制,提高技能人才待遇水平,畅通技能人才职业发展通道,完善技能人才激励政策,激励更多劳动者特别是青年人走技能成才、技能报国之路,培养更多高技能人才和大国工匠。

——2020年11月24日,习近平总书记在全国劳动模范和先进工作者表彰大会上的讲话

张冬伟,1981年12月出生,大专学历,高级技师,主要从事LNG(液化天然气)船

的围护系统二氧化碳焊接和氩弧焊焊接工作。他刻苦钻研船舶建造技术，潜心传承工匠精神，成为公司高端产品 LNG 船以及当今世界最先进、建造难度最大的 45000 吨集装箱滚装船的建造骨干、蓝领精英。

LNG 船是国际上公认的高技术、高难度、高附加值的"三高"船舶，被誉为"造船工业皇冠上的明珠"。作为一名"80后"焊工，面对肩上的重担，张冬伟不断地磨砺自己。他与技术人员放弃了休息时间，日夜埋头图纸堆中，经过不懈攻关，完成了工艺改动实验任务，得到了专利方法国 GTT 公司和美国 ABS 船级社的认可，并用于 LNG 船的实船生产当中，收到了良好的成效。

张冬伟非常注意经验的积累总结，不断摸索完善各类焊接工艺，先后参与编写了《14万立方米 LNG 船殷瓦管十字连接件焊接工艺研究》等作业指导书，为提高 LNG 船生产效率，保证产品质量发挥了积极作用。

（案例来源：http://www.wenming.cn/sbhr_pd/zghrb/jyfx/201601/t20160126_3112397.shtml）

> **讨论：**
> 工匠精神的内涵是什么？在本案例中是如何体现的？我们在目前的学习和未来的工作中应该怎样践行工匠精神？

学习目标

【素质目标】

弘扬工匠精神，树立职业目标，具备成为高素质技术技能人才、能工巧匠、大国工匠的素养。

【知识目标】

1. 理解工匠精神的时代特征。

2. 掌握工匠精神的内涵。

3. 掌握工匠精神的培育方法。

【能力目标】
1. 能结合自身专业特长培育和传承工匠精神。
2. 明确成为大国工匠、能工巧匠的途径和方式。

主题 2.1　执着专注、精益求精

一、执着专注

执着专注是工匠最显著、最可贵的行为特质，体现的是工作者的敬业精神，即对所从事的工作热爱、专注、尽心尽力，乐在其中。荀子说："锲而舍之，朽木不折；锲而不舍，金石可镂。"业精于一，是指只有执着于自己所专攻的术业，不泄劲，有心劲，几十年如一日地努力，才能成就一番事业。坚守"一生只做好一件事"的职业信念，才能在自己的职业岗位上做出成绩。

执着专注体现在对既定目标的不懈追求、忠于职守。专注是从业者内心笃定，不受外界环境干扰而坚守自身职业理想和初心的精神品质。从历史经验来看，无论是工匠个体还是工匠群体，一旦选定行业就要摒弃浮躁，静得了心、耐得住寂寞，从而执着专注于工作。庄子笔下的庖丁解牛、轮扁斫轮、津人操舟等，描绘了一幅幅匠人几十年如一日坚韧执着、锲而不舍的精神画卷。

二、精益求精

精益求精是工匠精神的内涵之一，体现的是工匠对品质的执着追求。匠者，精湛极致也。《诗经》中的"如切如磋，如琢如磨"，反映的就是古代工匠在切割、打磨、雕刻玉器时精益求精、反复琢磨的工作态度。

在我国的社会主义现代化建设过程中，有从屡次失败中探索经验而竣工的青藏铁路；有克服种种难题，突破技术壁垒，建设过程精准无误的港珠澳大桥。正是工匠们"干一行钻一行"的工作热情，对伟大工程和工艺作品的不满足、不凑合，精益求精的品质追求，才成就了一系列不朽的世纪工程。

精益求精是我国建设制造强国的基本要求。制造业是国民经济的主体,是立国之本、兴国之器、强国之基。精益求精是以制造业为主的现代工业发展进步的关键所在。自中华人民共和国成立以来,我们党在带领人民进行社会主义现代化建设的进程中,传承和弘扬精益求精的精神,取得了"两弹一星""载人航天"等重大成就。当前建设制造强国,必须继续弘扬精益求精的精神,不断培养大国工匠。从这个意义来说,工匠精神必将推动中国经济与社会发展进入新的高质量发展时代。

三、成为高素质技术技能人才

在学校里学习与社会需求相关的知识,在政府的宏观制度设计下,产教融合,与"岗课赛证"相融通。将一线实践与教室里的学习融合在一起,加强专业知识学习,增强职业技能,培育符合时代要求的大国工匠。

大学生要学习工匠"干一行钻一行"的精神。树立正确的择业观、就业观,珍惜就业岗位,脚踏实地、刻苦钻研、锐意进取,视工作为使命,将劳动作为一生的信仰与追求,激发自己最大的潜能。

"心心在一艺,其艺必工。心心在一职,其职必举。"拥有过硬的技术素质、高超的技能水平是成为工匠的内在要求和"硬指标"。在校期间,大学生就应发扬工匠精神的内涵——执着专注、精益求精,并将其落实到日常的学习和生活中,使自己成为满足社会需求的高素质技术技能人才。

> **知识拓展**

请扫二维码学习被誉为"蓝领专家"的知识型人才孔祥瑞的事迹。

**执着专注、
精益求精**

主题 2.2 一丝不苟、追求卓越

一、一丝不苟

工匠从细处着眼，于小处见大。一丝不苟体现了工匠认真细致的工作态度。始终严格遵守工作规范和质量标准，兢兢业业做事，把每个操作要求和工作步骤都落实到位，不投机取巧，不寻求"捷径"，不敷衍了事，不放过任何一个细微之处，对工作细节实现精准把控，确保操作结果符合标准甚至高于标准，努力做出精品。

一丝不苟体现了高度负责、敢于担当的职业道德，是工匠对待职业严谨踏实的自我要求。工匠的一丝不苟，表现为对每一个细节和精度的严格要求，对"毫厘"的斤斤计较，实质是对工作的高度负责和敢于担当。

二、追求卓越

追求卓越是工匠的职业价值宗旨。工匠们一生追求卓越，是为了在行业保持顶尖水平。无论是在传统农耕社会，还是现代工业化时代，扎实的专业知识、精湛的专业技艺都是工匠安身立命之本。不断超越自我、勇攀行业顶峰是工匠的毕生追求。

创新是新时代工匠精神的出发点与立足点，是工匠精神的灵魂。社会的进步、科技的发展需要守正与创新的辩证统一。追求卓越的创新精神意味着工匠要摒除墨守成规、因循守旧的"匠气"，胸怀锐意进取、敢为人先的"匠心"。当前，互联网、大数据、云计算、人工智能等信息技术的快速发展，产生了新一轮科技革命和产业变革，迎来了新的发展机遇与挑战。这对工匠的创新能力和创新水平提出了更高要求。新时代的工匠只有在创新中才能实现追求卓越的目标。

三、成为能工巧匠、大国工匠

工匠精神是一种职业精神，是职业道德、职业能力、职业品质的体现，也是从业者的一种价值取向和行为表现。

无论从事什么职业,都要以勤学长知识、以苦练精技术、以创新求突破,努力成为知识型、技能型、创新型劳动者。三百六十行,行行出状元。大学生努力做到有理想、守信念,懂技术、会创新,立足岗位、奋发有为,在平凡中彰显不凡,汇聚砥砺奋进的强劲动能,成为满足职业需求的能工巧匠、大国工匠。

知识拓展

请扫二维码学习"培养大国工匠、弘扬工匠精神 习近平这样要求"。

培养大国工匠、
弘扬工匠精神
习近平这样要求

请扫二维码,完成在线练习。

专题二思考练习

(作者:襄阳职业技术学院　熊绍刚)

专题三　劳模精神

劳动模范是民族的精英、人民的楷模,是共和国的功臣。我国是人民当家作主的社会主义国家,党和国家始终坚持全心全意依靠工人阶级方针,始终高度重视工人阶级和广大劳动群众在党和国家事业发展中的重要地位,始终高度重视发挥劳动模范和先进工作者的重要作用。

——2020年11月24日,习近平总书记在全国劳动模范和先进工作者表彰大会上的讲话

有一种工作境界叫做全国劳模

一、干什么工作,能成为全国劳模?

新中国成立之初,我们国家就开始表彰先进劳模了。新中国第一代劳模知名度很高,你绝对听过他们的名字,大庆铁人王进喜,掏粪工人时传祥,"杂交水稻之父"袁隆平,纺织工人赵梦桃,农业劳模申纪兰……

在二十世纪五六十年代，如果你是工人、农民，会惊喜地发现，这些全国劳模绝大多数都跟你是同行。

改革开放以来，更多行业的能人走上劳模领奖台。科教文卫体，各行各业辛勤工作的朋友都可以有个当劳模的梦想。你要是个搞科研的知识分子，还能看到自己最仰慕的同行当上劳模，比如陈景润、蒋筑英。

2005年起，如果你是私营企业家或者农民工，也有机会当劳模。那年，全国劳模评选名单上第一次出现了30多名私营企业家和23位农民工。

到了2015年，你要是个"码农"，或者百货销售人员，也有机会评上全国劳模。比如网络语音架构师贾磊，在商场销售化妆品的龚定玲。

全国劳模的结构几十年来越来越多元化，有基层劳动者，也有高学历技术人才，有理科生、工科生，也有文科生。劳模结构的变化体现了中国的变化。中国靠着劳动发展起来。劳动又在发展中获得越来越丰富的内涵。

二、看劳模的故事，你会觉得非常神奇

明明都是些普通的人，干着普通的工作，却能干到极致，让人叹为观止。

同样一个工作，有两种段位：一种是普通人的段位；一种是劳模的段位。

2015年的全国劳模冯冰，是大同市公共交通总公司三分公司4路970号驾驶员。你说作为一名公交车司机，怎么才能成为全国劳模？

每天，冯冰都坚持早来晚走，对车辆进行认真细致的检查保养和擦拭，交车时从不交有毛病的故障车和卫生不合格的脏乱车。在车辆拐弯时，他提醒乘客们站稳、扶好；在遇到复杂情况时，他总是提前减速、慢慢行进，避免急刹车；在车辆进站时平稳进站、规范停靠；在雨雪天气，总要把车停在没有积水和冰冻的地方，为的是不让乘客涉水履冰。冬天，自费做了"暖心坐垫"；夏天，给车厢内挂上窗帘；他还在车厢右前方的车壁上悬挂"百宝袋"，内有针线包、旅游图、创可贴和日常药品。对一些高龄老人和残疾人，主动搀扶，背他们上下车，帮忙找座位。在2014年度安全运营31586公里，车辆完好率100%。

乘客能坐上这样一名驾驶员开的公交车，得多舒服啊。

这就是全国劳模的本事。他们干的工作很普通，但他们能把每个细节都做得精致完美,每个环节都干出故事。"这活儿居然还能这么干啊,牛!"对他们来说,工作追求的就是一种境界。

(资料来源:2020年5月3日,中央纪委国家监委网站)

> 讨论:
> 劳模为什么伟大?除了突出贡献、勤奋努力,还有什么闪光点?

学习目标

【素质目标】

具备成为优秀劳动者的品质。

【知识目标】

1. 了解劳模精神的时代特征。

2. 掌握新时代劳模精神的内涵。

3. 掌握新时代劳模的培育方法。

【能力目标】

1. 能结合新时代大学生自身专业特长培育和传承劳模精神。

2. 能学习劳模精神,弘扬劳模精神。

3. 能做到干一行、爱一行、钻一行。

主题3.1 爱岗敬业、争创一流

劳模精神是中华民族的民族精神和时代精神在劳动领域的具体化,是凝聚劳动者建设社会主义现代化的向心力量。在全面建成小康社会和全面深化改革开放的历史时期,劳模精神被赋予了更新的时代内涵,与时俱进,不断丰富和发展。

2020年11月24日,在全国劳动模范和先进工作者表彰大会上,习近平总书记激励全党全国各族人民弘扬劳模精神。他在讲话中指出:"在长期实践中,我们培育形成了爱岗敬业、争创一流、艰苦奋斗、勇于创新、淡泊名利、甘于奉献的劳模精神,崇尚劳动、热爱劳动、辛勤劳动、诚实劳动的劳动精神,执着专注、精益求精、一丝不苟、追求卓越的工匠精神。劳模精神、劳动精神、工匠精神是以爱国主义为核心的民族精神和以改革创新为核心的时代精神的生动体现,是鼓舞全党全国各族人民风雨无阻、勇敢前进的强大精神动力。"这些内容道出了劳模能在广大劳动者群体中脱颖而出的根本原因,另一方面也为广大劳动者群体提出了奋斗的目标和方向。

(资料来源:2020 年 11 月 25 日,人民网—人民日报)

一、爱岗敬业是劳模精神的基础

爱岗敬业是本分,是劳模精神的基础。一份职业,一个工作岗位,是一个人赖以生存和发展的基础。同时,一个工作岗位的存在,往往也是人类社会存在和发展的需要。所以,爱岗敬业不仅是个人生存和发展的需要,也是社会存在和发展的需要。爱岗敬业就是热爱自己的岗位、崇敬自己的职业。具有爱岗敬业的品质是能成为劳模的最基础条件,当代中国劳模都具有爱岗敬业的职业品格。所有劳模都在自己的工作岗位上做出了卓越的成就,超越了很多人,才成为大家学习的榜样和标兵。

(1)热爱岗位。人类社会劳动分工形成了职业,随着社会的不断发展,劳动分工越来越细,职业越来越多,岗位设置也越来越具体化,爱岗敬业也就成为崇尚劳动的代名词。工作岗位没有高低贵贱之分,只有贡献大小之别。一个人只有立足岗位、了解岗位、热爱岗位才会不断进步,在为社会和国家作出贡献的同时,实现自己的人生价值。习近平总书记指出:"一切劳动者,只要肯学肯干肯钻研,练就一身真本领,掌握一手好技术,就能立足岗位成长成才,就都能在劳动中发现广阔的天地,在劳动中体现价值、展现风采、感受快乐。"

(2)崇敬职业。敬业就是用一种严肃的态度对待自己的工作,勤勤恳恳、兢兢业业、忠于职守、尽职尽责。中国古代思想家就提倡敬业精神,孔子称为"执事敬",朱熹将敬业解释为"专心致志,以事其业"。因为有了对岗位和职业的热爱和崇敬,劳模才会用心珍惜自己的岗位,认真规划自己的职业。爱岗敬业让劳模对工作岗位充满热情和感情,对职业产生热爱感和敬畏感。

(3)持续学习。劳模因为热爱岗位、崇敬职业,所以会专心致志地学习专业知识,娴熟地掌握技能、技艺、技术,提高自己的业务水平。2018年4月,习近平在给中国劳动关系学院劳模本科班学员回信中指出:"希望你们珍惜荣誉、努力学习,在各自岗位上继续拼搏、再创佳绩,用你们的干劲、闯劲、钻劲鼓舞更多的人,激励广大劳动群众争做新时代的奋斗者。"

二、争创一流是劳模精神的灵魂

争创一流是追求,是劳模精神的灵魂。劳模精神作为一种先进的精神文化理念,成就的就是一流的业绩和水平。争创一流代表了劳模积极奋发的精神风貌和凝心聚力的追求目标。各行各业的劳模都是争创一流的标兵和典型。

(1) 争先创优的意识。没有争先创优的意识,难有一流的成就。劳模面对各种困难,甚至是失败时,总会从积极的角度去思考,朝着可能成功的方向去努力,最终取得傲人的业绩。他们争先创优的意识更多表现为在工作中的一种阳光、积极、奋发向上的精神状态。

(2) 精益求精的标准。劳模能够创造一流业绩的主要原因在于他们总是树立并坚持精益求精的标准,总能站在行业、国内、世界潮流的最前沿。一个企业、一个行业、一个国家的竞争力主要取决于一流的技术标准。争创一流的劳模精神体现了劳模对精益求精的标准永不停歇的追求。袁隆平将一生献给一片土地,只为坚守一个梦想。他在国际上11次捧回大奖,获得的"世界粮食奖"更是农业领域的国际最高荣誉。

(3) 持之以恒的行动力。劳模之所以能争创一流,是因为具有一流的行动力。很多人执迷于周全的计划、详细的考虑,把种种困难全部列出,然后在脑海中寻求克服各种困难的办法,结果又有新的困难不断产生,头绪越来越多,最终被困难的复杂性与艰巨性压倒,在行动之前就已放弃。所以,再高的先见之明,再准确的事先判断,如果不付诸行动,都显得毫无意义。

知识拓展

建功新时代 劳模精神 成就非凡

2020年,在全国劳动模范和先进工作者表彰大会上,习近平总书记提出,要大力弘扬劳模精神、劳动精神、工匠精神。《焦点访谈》栏目推出系列节目《建功新时代》,聚焦各行各业的劳动者和他们的精神力量。劳动模范是各行各业的优秀代表,习近平总书记称他们为"民族的精英""人民的楷模""共和国的功臣"。让我们来关注劳模精神。

(资料来源:2022年5月1日,央视网)

焦点访谈:建功新时代
劳模精神 成就非凡

主题3.2　艰苦奋斗、勇于创新

一、艰苦奋斗是劳模精神的本质

艰苦奋斗是劳模的优良作风，是劳模精神的本质。艰苦奋斗，不仅是劳模精神的重要内容，也是中华民族的优良传统。"一勤天下无难事"。历年的劳动模范有一个共同点，那就是奋发奋斗、苦干实干。奋斗，让只有初中文化的中铁一局电务公司电力高级技师窦铁成站在了技术最前沿，成为高级技师。1999年，那时已43岁的他从辨认一个个字母开始，练打字，钻研CAD制图软件，书写了近200万字的学习笔记，记满了90多本工作笔记，先后解决技术难题69项，并申请多项专利。

创造不平凡的业绩，勇于创新是关键。近年来，高级技工、科研精兵评选劳模的比重不断增加，知识型、创新型劳动者不断涌现。在新的历史时期，习近平总书记反复告诫我们："天上不会掉馅饼，努力奋斗才能梦想成真""幸福都是奋斗出来的""新时代是奋斗者的时代"……这既是对全国人民的激励鞭策，也是对青年大学生的殷切期盼。

劳模不仅在工作上能吃苦耐劳，在思想上也毫不放松。在工作中，有人沉迷于"手勤""腿忙"式忙碌，以为这样就是艰苦奋斗了。殊不知，工作不偷懒、能吃苦，并不是艰苦奋斗的全部要义。面对繁重而艰巨的任务时，劳模总是能清醒地看到前进道路上的困难和风险，把忧患意识转化为加紧做好各项工作的不竭动力。习近平总书记寄语新时代青年，强调要坚定理想信念，站稳人民立场，练就过硬本领，投身强国伟业，始终保持艰苦奋斗的前进姿态，同亿万人民一道，在实现中华民族伟大复兴中国梦的新长征路上奋勇搏击。

劳模不仅要严于律己，更要以身作则树正气。劳模以一流的标准要求自己，这是弘扬艰苦奋斗精神的内在要求，但仅仅停留在管好自己而不注重带领团队，是远远不够的。艰苦奋斗精神犹如一粒种子，只有植根于良好的社会环境中才能长成参天大树。一方面劳模带头弘扬艰苦奋斗精神，以自身的良好形象影响和带动身边的同事；另一方面，他们随时关注着本岗位、本单位、本行业的风气，在不断发挥正面典型的激励和示范作用的同时,敢于坚持原则,为文明风气建设贡献自己的力量,让每一名劳动者都始终保持艰苦奋斗的前进姿态,在完成"两个一百年"奋斗目标的伟业中大显身手、建功立业。

二、勇于创新是劳模精神的内生动力

勇于创新是使命,是劳模精神的内生动力。改革开放40多年来,中国社会进步的最显著特征是改革开放和自主创新,创新精神已经作为集体自觉意识深深镶嵌到民族品格和价值追求之中。正是在改革创新的民族精神中,当代中华民族时代精神应运而生。2020年11月24日,习近平总书记在全国劳动模范和先进工作者表彰大会上的讲话中指出:"要增强创新意识、培养创新思维,展示锐意创新的勇气、敢为人先的锐气、蓬勃向上的朝气。"劳动模范能成为广大劳动群众的榜样,在很大程度上得益于他们有不断创新的成果,这些成果能造福于人类、有益于民族的进步和国家的富强。不断创新的技术引领着科技未来的发展,不断创新的思想强化着创新意识,敢想、敢干、敢于创新探索、敢于突破常规、敢于做第一个吃螃蟹的人。而创新意识、创新思维、创新勇气以及创新责任,是劳模精神的内生动力。

创新意识是为了满足新的社会需求,或者以一种新的方式更好地满足原有社会需求的意识。劳模的创新精神始终体现在他们的创新意识上,越是形势复杂越坚守创新,越是困难增多越依靠创新,越是竞争加剧越善抓创新。他们不仅能觉察到社会大环境对创新的要求,而且能及时发现劳动实践细小环节中的创新问题。例如,如果想在烹饪方面创新,就需要大量阅读烹饪相关书籍,掌握烹饪技巧,尝试新的食谱,参观各类餐厅和接受烹饪培训。对这些知识了解得越多,就越有可能做出美味和特色兼具的菜肴。

创新思维是在创新意识基础上激活精神创新引擎,培育思想创新沃土,激发创新热情,是人类活动的独有高级过程。创新思维往往具有前瞻性。劳模的创新思维能见人之所未见、思人之所未思、做人之所未做。劳模之所以能够在平凡的岗位上做出一番成就,关键在于他们有创新思维。例如,如果你想在一项工作的关键点上取得成就,就需要全身心地投入这项工作中,并深刻理解它的关键问题和环节,批判性地思考这项工作、研究这个问题,通过与其他人的讨论收集各种观点,并探索这一领域的经验。总之,要认真研究、刻苦钻研,为勇于创新准备"土壤"。

知识拓展

请扫二维码学习"艰苦奋斗 勇于创新——记劳动模范张宏祥"。

艰苦奋斗 勇于创新
——记劳动模范张宏祥

主题 3.3 淡泊名利、甘于奉献

一、淡泊名利是劳模精神的特质

淡泊名利是境界,是劳模精神的特质。它是指劳模在平凡岗位上做出不平凡业绩时,视事业重如山,看名利淡如水,把个人利益统一于党和人民的利益之中,强调个人利益服从党和人民的利益。很多劳模几十年如一日,在艰苦面前"甘之如饴",在得失面前"安之若素",在名利面前"淡之若水",为国家和社会作出重大贡献,实现了自己的人生理想和价值追求,成为广大劳动群众学习的先进典范。

淡泊名利和宁静致远是相辅相成的。诸葛亮在《诫子书》中说:"非淡泊无以明志,非宁静无以致远。"淡,就是不重视;泊,就是停止。但是"淡泊"和"宁静"不是不争,而是通过"明志"树立远大的志向,将责任心、进取心融入工作的"争"当中,当时机成熟时即可"致远"。许多劳模不屑于追求个人名利,而是把所有的努力和才能都投入自己喜欢的事业中。一方面,他们可以享受内心宁静的幸福感;另一方面,他们可以享受通过努力获得的成就感。劳模的一切喜怒哀乐都深藏在劳动过程之中,将得失放在身后。他们在工作时没有"灯光"照耀的舞台,甚至承受着舞台幕后的孤独与寂寞,用一份功成不必在我、奋斗当以身先的奉献情怀,深深地影响着每个人。

淡泊名利是与维护国家利益相一致的。如何对待名利,反映了一个人的人生追求。而在追求的过程中,有两种截然不同的态度:一种是把满足个人利益作为出发点,强调个人利益至上,不惜采取一切手段追逐个人名利;另一种是把个人利益统一于党和人民的利益之中,强调个人利益服从党和人民的利益,视事业重如山,看名利淡如水。毫无疑问,劳模选择了后者。对青年人而言,扣好人生第一粒扣子,就要树立正确的价值取向,走捷径、图虚名终究靠不住,唯有脚踏实地、经受历练方能成就自我。

二、甘于奉献是劳模精神的底色

甘于奉献是修为,是劳模精神的底色。奉献是劳模身上的一种纯洁高尚的精神追求。从"拼上老命大干一场,决心改变兰考面貌"的焦裕禄,到用品格力量标注生命高度的黄大年……回望劳动人民奋斗的不平凡历程,千千万万劳模不畏险阻、不怕牺牲,挥洒辛劳和汗水,燃烧青春和才智,奉献生命和热血,谱写了辉煌灿烂的前进篇章。时至今日,奉献的内涵没有改变,奉献的意义更为凸显。无论是抗击疫情的战场,还是经济社会发展的各个方面,都需要不计得失的真诚付出,都呼唤赤诚奉献的精神追求。

奉献精神不是劳模与生俱来的,离不开他们经年累月的自我提升。从科学理论武装,到核心价值观教育引导,从传统美德滋养,到斗争实践磨砺,都是形成砥砺奉献精神的重要途径。32年如一日的"守岛英雄"王继才,在脱贫攻坚一线倾情投入、奉献自我的黄文秀……他们都是牺牲小我、成就大我的典范。奉献无大小之分,只要真诚奉献,都是难能可贵的。有一分热度,发一分光亮,矢志奋斗、甘于奉献,就定能在全社会传递更多正能量。劳动铸就辉煌,劳动也塑造人生。劳模在平凡的岗位上辛勤耕耘、倾情付出,以卓越的劳动创造诠释了人生的真谛,展现出无私奉献最美的一面。

知识拓展

请扫二维码学习如何培育工匠精神。

如何培育工匠精神

请扫二维码,完成在线练习。

专题三思考练习

(作者:武汉职业技术大学　陶　舒

　　　湖北轻工职业技术学院　夏光蔚)

专题四 劳动法规

>> | 导读导学

我们每个人都会步入社会成为劳动者,那么用什么方式来约束劳动者和用人单位双方以保障劳动者和用人单位的利益呢?在劳动关系里,如何让大家各安其分、各尽其责?劳动法规就是这样一个法宝,它把劳动者和用人单位的关系确定下来,让劳动者和用人单位明确各自享受的权利和要履行的义务,当纠纷发生的时候,劳动法规就是解决问题的依据。在本专题中,我们将共同了解什么是劳动法、劳动合同法;作为实习生,如何签订三方协议;作为劳动者,如何签订劳动合同,劳动者如何维护自己的合法权益等。

>> | 案例引入

小冯入职某物流公司成为一名跟单操作员。因怀孕休了产假,产假期间,物流公司以没有空缺职位、人员已满为由,告知小冯无须返岗。小冯向劳动人事争议仲裁委员会提起劳动仲裁,后因不服仲裁结果,向法院提起诉讼。法院审理认为,被告物流公司以人员已满为由,无法继续为原告小冯提供工作岗位,属于变相解除劳动合同,而当时原告小冯仍处于产假期内,故应认定被告物流公司解雇原告小冯违法。根据劳动合同法相关规定,孕期、产期、哺乳期的女职工受法律保护,用人单位不得在女职工孕期、产期、哺乳期内解除劳动关系。

大家可以思考一下,如果没有劳动法对用人单位进行约束,像小冯这样的职场女性在孕期、产期、哺乳期等特殊时期,随时可能丢掉工作而且得不到补偿,从这个角度来看,劳动法可谓劳动者的护身符,让我们一起来看看劳动法是如何保护劳动者的吧。

> **讨论:**
> 请结合实际谈一谈劳动法是如何保障劳动者权利的。

学习目标

【素质目标】

1. 具备知法、懂法、守法劳动者的素质。

2. 具备遵守劳动纪律的职业道德。

3. 具备守法公民的社会责任感。

【知识目标】

1. 了解劳动法的概念和基本原则。

2. 了解《中华人民共和国劳动法》《中华人民共和国劳动合同法》《中华人民共和国著作权法》等重要条款。

3. 了解劳动合同的概念、劳动争议的处理程序、著作权和专利权的保护范围。

【能力目标】

1. 能够审读劳动合同。

2. 能够合理处理劳动争议,具有维护自己和他人合法权益的能力。

3. 能够判断智力成果是不是职务作品或职务发明。

主题 4.1 劳动法

党的二十大报告明确了到 2035 年"基本建成法治国家、法治政府、法治社会"的目标任务。无论是劳动者还是用人单位都需知法、懂法、守法，这是建成法治社会的必然要求。

一、劳动法简介

劳动法以劳动关系为调整对象，以保护劳动者的合法权益和促进劳动关系和谐发展为立法宗旨，是各国法律体系的重要组成部分。劳动法是调整劳动关系的法律法规，以及调整与劳动关系密切相随的其他社会关系的法律规范的总称。劳动法的内容主要包括：劳动者的主要权利和义务；劳动就业方针政策及录用职工的规定；劳动合同的订立、变更与解除的程序；集体合同的签订与执行办法；工作时间与休息时间制度；劳动报酬制度；劳动卫生和安全技术规程等。狭义的劳动法是指国家最高立法机构制定颁布的劳动法，即法典式的劳动法，如我国1995年1月1日起施行的《中华人民共和国劳动法》（下文简称《劳动法》）。广义的劳动法不只是一部法典式的法律，而是宪法、其他部门法、国务院颁布的行政法规、各部门规章、地方性法规等法律规范中调整劳动关系以及与劳动关系有密切联系的其他社会关系的法律规范的总称。

二、劳动法中的劳动关系

在劳动的过程中，不同主体之间会产生各种关系。根据《劳动法》第十六条规定"建立劳动关系应当订立劳动合同"可知，劳动关系指的是劳动者与用人单位在开展经济生产活动中所产生的社会关系。换言之，劳动关系是用人单位雇用劳动者为其成员，劳动者按照用人单位的要求提供劳动，用人单位支付相应的报酬而产生的权利义务关系，而建立劳动关系的前提是订立劳动合同。

1.劳动关系的主体和特征

（1）劳动关系的主体。

劳动关系的主体包括劳动者和用人单位。劳动者即劳动力的所有者，在劳动关系中通过将自己的劳动力与用人单位进行交换，获取劳动报酬。用人单位即劳动力的使用者，包括企业、个体经济组织、民办非企业单位等组织和国家机关、事业单位、社会团体等。

(2)劳动关系兼具人身关系和财产关系的属性。

劳动是劳动力与生产资料结合的过程,当劳动力作为生产要素进入劳动过程的时候,客观上劳动者的人身也进入了劳动过程,因此劳动关系具有人身关系的属性。另外,劳动作为劳动者谋生的手段,劳动者通过向用人单位转让劳动力使用权以获取一定的报酬,因此劳动关系又具有财产关系的属性。

(3)劳动关系兼具平等性和不平等性特征。

平等性是指劳动者与用人单位通过自由选择、平等协商,以合同的形式建立、变更、解除或终止劳动关系。但实质上,从劳动者与用人单位订立劳动合同开始,双方实质上是处于不平等地位的。劳动者在经济实力、信息掌握数量及选择成本等方面与用人单位存在较大差距,因此其在劳动力市场处于弱势地位。劳动关系建立后,劳动者的弱势地位更加凸显,劳动者必须服从用人单位的指挥和调配,遵守用人单位的劳动纪律和规章制度,因此不平等性是劳动关系的重要特征,这也是劳动法需要向劳动者倾斜,并保护劳动者的根本原因。

2.劳动法调整劳动关系的范围

根据《劳动法》第二条、《中华人民共和国劳动合同法》第二条以及《中华人民共和国劳动合同法实施条例》的规定,我国劳动法调整的劳动关系包括:

第一,企业、个体经济组织、民办非企业单位等组织的劳动关系。

第二,国家机关、事业单位、社会团体中的劳动合同关系。公务员和比照实行公务员制度的人员不适用《劳动法》。

另外,农村劳动者、现役军人、家庭保姆等人员不属于《劳动法》的调整范围。

三、劳动者权利

(1)平等就业的权利。《劳动法》规定,凡具有劳动能力的公民,都有平等就业的权利,即劳动者拥有劳动就业权。劳动就业权是有劳动能力的公民获得参加社会劳动的切实保证按劳取酬的权利。公民的劳动就业权是公民享有其他各项权利的基础。

(2)选择职业的权利。《劳动法》规定,劳动者有权根据自己的意愿、素质、能力、志趣和爱好,以及市场信息等选择适合自己才能、爱好的职业,即劳动者拥有自由选择职业的权利。选择职业的权利有利于劳动者充分发挥自己的特长，促进社会生产力的发展。这既是劳动者劳动权利的体现，也是社会进步的一个标志。

（3）取得劳动报酬的权利。《劳动法》规定，劳动者有权依照劳动合同及国家有关法律取得劳动报酬。取得劳动报酬的权利是劳动者持续行使劳动权不可少的物质保证。

（4）获得劳动安全卫生保护的权利。《劳动法》规定，劳动者有获得劳动安全卫生保护的权利。这是对劳动者在劳动中的生命安全和身体健康，以及享受劳动权利的最直接的保护。

（5）休息休假的权利。我国宪法规定，劳动者有休息的权利。为此，国家规定了职工的工作时间和休假制度，并发展劳动者休息和休养的设施。

（6）享受社会保险和福利的权利。为了给劳动者患疾病时和年老时提供保障，我国《劳动法》规定，劳动者享有社会保险和福利的权利，即劳动者享有包括养老保险、医疗保险、工伤保险、失业保险、生育保险等在内的劳动保险和福利。社会保险和福利是劳动力再生产的一种客观需要。

（7）接受职业技能培训的权利。我国宪法规定，公民有受教育的权利和义务。受教育既包括受普通教育，也包括受职业教育。接受职业技能培训的权利是劳动者实现劳动权的基础条件，因为劳动者要实现自己的劳动权，必须拥有一定的职业技能，而要获得这些职业技能，就必须获得专门的职业培训。

（8）提请劳动争议处理的权利。《劳动法》规定，当劳动者与用人单位发生劳动争议时，劳动者享有提请劳动争议处理的权利，即劳动者享有依法向本单位劳动争议调解委员会、劳动争议仲裁委员会和人民法院申请调解、仲裁和提起诉讼的权利。其中：劳动争议调解委员会由用人单位代表、工会代表和职工代表组成；劳动争议仲裁委员会由劳动行政部门代表、同级工会代表、用人单位代表组成。

（9）法律规定的其他劳动权利。法律规定的其他劳动权利包括：依法参加和组织工会的权利，依法享有参与民主管理的权利，依法享有参加社会义务劳动的权利，从事科学研究、技术革新、发明创造的权利，依法解除劳动合同的权利，对用人单位管理人员违章指挥、强令冒险作业有拒绝执行的权利，对危害生命安全和身体健康的行为有权提出批评、举报和控告的权利,对违反劳动法的行为进行监督的权利等。

四、用人单位权利

(1) 依法建立和完善规章制度的权利。该权利源于用人单位享有的生产指挥权,既然用人单位享有生产指挥权,所有用人单位有权根据本单位的实际情况,在符合国家法律、法规的前提下制定各项规章制度,要求劳动者遵守。

(2) 根据实际情况制定合理劳动定额的权利。用人单位与劳动者签订劳动合同后,就获得了一定范围内劳动者的劳动使用权,并有权根据实际情况给劳动者制定合理的劳动定额。对于用人单位规定的合理的劳动定额,在没有出现特殊情况时,劳动者应当予以完成。

(3) 对劳动者进行职业技能考核的权利。用人单位有权对劳动者进行职业技能考核,并根据劳动者劳动技能的考核结果给其安排适合的工作岗位和奖金薪酬。

(4) 制定劳动安全操作规程的权利。用人单位有权根据《劳动法》的劳动安全卫生标准,制定本单位的劳动保护制度,要求劳动者在劳动过程中严格遵守操作规程。

(5) 制定合法作息时间的权利。用人单位享有根据本单位具体情况和对员工工作时间的需求,合法安排劳动者作息时间的权利。

(6) 制定劳动纪律和职业道德标准的权利。为了保证劳动正常有序进行,用人单位有权制定劳动纪律和职业道德标准。劳动纪律是用人单位制定的劳动者在劳动过程中必须遵守的规章制度。这是组织社会劳动的基础和必要条件。职业道德是劳动者在劳动实践中形成的共同行为准则,也是劳动者的职业要求。当然,制定劳动纪律和职业道德标准必须符合法律规范。

(7) 其他权利。其他权利包括提请劳动争议处理的权利、平等签订劳动合同的权利等。

> **知识拓展**

什么是劳动法?请扫二维码学习。

劳动法

主题 4.2　劳动合同法

狭义的劳动合同法是指 2008 年 1 月 1 日起施行的《中华人民共和国劳动合同法》（下文简称《劳动合同法》）。

一、劳动合同

劳动合同是劳动者与用人单位明确双方权利义务的协议。《劳动合同法》第十条规定"建立劳动关系，应当订立书面劳动合同"。劳动者在签订劳动合同时应该注意，劳动合同除了需要列明用人单位和劳动者相关信息外，还需要包含劳动合同期限、工作内容和工作地点、工作时间和休息休假、劳动报酬、社会保险、劳动保护、劳动条件和职业危害防护等内容。除以上必要的内容外，用人单位与劳动者还可以在合同中约定试用期、培训、保守秘密、补充保险和福利待遇等事项。

二、试用期

试用期是单位对劳动者的考核期，是有利于劳动者与用人单位进行双向选择的一种制度，在试用期内劳动者的待遇会有所不同，用人单位解除劳动合同的条件也相对比较宽松。

为了保护劳动者的权益，《劳动合同法》对试用期主要做了两方面的限制性规定。一是对试用期的期限做了限制性的规定：劳动合同期限三个月以上不满一年的，试用期不得超过一个月；劳动合同期限一年以上不满三年的，试用期不得超过二个月；三年以上固定期限和无固定期限的劳动合同，试用期不得超过六个月；以完成一定工作任务为期限的劳动合同或者劳动合同期限不满三个月的，不得约定试用期。而且同一用人单位与同一劳动者只能约定一次试用期。二是对试用期的工资做了限制性规定：劳动者在试用期的工资不得低于本单位相同岗位最低档工资或者劳动合同约定工资的百分之八十，并不得低于用人单位所在地的最低工资标准。

三、劳动合同的解除

劳动者与用人单位要解除合同一般有三种情形。一种情形是劳动者和用人单位协商一致就可以解除合同；另一种情形是劳动者单方面解除合同；第三种情形是用人单位单方面解除合同。

1. 劳动者单方面解除合同

如果劳动者单方面解除合同，劳动者需提前三十日以书面形式通知用人单位，试用期内则提前三日通知用人单位。但如果遇到用人单位以暴力、威胁或者非法限制人身自由的手段强迫劳动者劳动的，或者用人单位违章指挥、强令冒险作业危及劳动者人身安全的，劳动者可以立即解除劳动合同，不需事先告知用人单位。通常情况下，用人单位有以下四种损害劳动者利益的情况，劳动者可以单方面解除劳动合同：一是未按照劳动合同约定提供劳动保护或者劳动条件的；二是未及时足额支付劳动报酬的；三是未依法为劳动者缴纳社会保险费的；四是用人单位的规章制度违反法律、法规的规定，损害劳动者权益的。

2. 用人单位单方面解除合同

用人单位单方面解除合同分为过失性辞退和无过失性辞退两种情形。劳动者有下列过失情形之一的，用人单位可以解除劳动合同：在试用期间被证明不符合录用条件的；严重违反用人单位的规章制度的；严重失职，营私舞弊，给用人单位造成重大损害的；劳动者同时与其他用人单位建立劳动关系，对完成本单位的工作任务造成严重影响，或者经用人单位提出，拒不改正的；被依法追究刑事责任的。如果是无过失性辞退，用人单位应当提前三十日以书面形式通知劳动者本人或者额外支付劳动者一个月工资后，才能解除劳动合同。无过失性辞退有以下几种情形：一是劳动者患病或者非因工负伤，在规定的医疗期满后不能从事原工作或用人单位另行安排的工作的；二是劳动者不能胜任工作，经过培训或者调整工作岗位还是不能胜任工作的；三是因客观原因，劳动合同无法履行，经用人单位与劳动者协商，也未能就变更劳动合同内容达成协议的。

为了保护劳动者的权益，《劳动合同法》规定了在以下几种情形下，用人单位不得单方面解除劳动合同：一是劳动者有可能因工得职业病的；二是在本单位患职业病或者因工负伤并且丧失或者部分丧失劳动能力的；三是患病或者非因工负伤，在规定的医疗期内的；四是女职工在孕期、产期、哺乳期的；五是在本单位连续工作满十五年，且距法定退休年龄不足五年等情况。

四、劳动争议

劳动纠纷是现实中比较常见的纠纷。由于各种原因，劳动者与用人单位之间产生纠纷是难以避免的事情。劳动纠纷一旦发生，将使正常的劳动关系得不到维护，还可能使得劳动者的合法利益受到损害。因此，什么是劳动争议、发生劳动争议该如何处理等问题是每个劳动者都应当关注的问题。

劳动争议，是指劳动者和用人单位之间因执行劳动法律、法规和履行劳动合同而发生的纠纷。这些纠纷涉及劳动关系的确认、劳动合同的签订履行、工作时间、社会保险、劳动保护等方面。

发生劳动争议后主要通过四种途径来处理，分别是协商、调解、仲裁、诉讼。

1. 协商

协商是劳动者与用人单位发生劳动纠纷时可以采取的首要处理方式，双方可根据劳动法等法律法规，依据劳动合同，表达诉求、充分沟通、处理纠纷。如果双方协商不成，可以采取调解的方式处理劳动争议。

2. 调解

调解是指在第三方（法院、仲裁机构、调解委员会等）的主持之下，争议双方自愿进行协商，通过教育疏导，促成各方达成协议、解决纠纷。调解可以贯穿整个劳动争议的处理过程，无论是通过企业调解委员会主持协商还是在进入劳动仲裁或诉讼程序以后都可以进行调解。

3. 仲裁

仲裁作为企业劳动争议的处理办法之一，是指劳动争议仲裁机构依法对争议双方当事人的争议案件进行居中公断的执法行为。劳动争议仲裁委员会一般设在当地的人力资源社会保障行政部门，申请人申请仲裁需要提交书面仲裁申请，可以申请劳动仲裁的争议主要是与劳动合同的签订、履行相关的争议,如工作时间、休息休假、社会保险、福利、培训以及劳动报酬、工伤医疗费、经济补偿等方面的争议。

4.诉讼

当事人如果对仲裁裁决不服的,可以向人民法院起诉。值得注意的是,发生劳动争议不能直接向人民法院起诉,必须要经仲裁委员会裁决或者仲裁委员会不予受理,方可提起诉讼。起诉时需注意诉讼时效的问题,《劳动法》第八十三条规定:"劳动争议当事人对仲裁裁决不服的,可以自收到仲裁裁决书之日起十五日内向人民法院提起诉讼。"

>> | 知识拓展

什么是劳动合同法?请扫二维码学习。

劳动合同法

主题 4.3　知识产权法

法国文学家、思想家罗曼·罗兰曾说过："唯有创造才是快乐。只有创造的生灵才是生灵。"论嗅觉,人不如犬;论视觉,人不如鹰;论敏捷,人不如猿;论力量,人不如熊。人之所以能够成为万物之灵,在于人能够进行创造。创造不仅是人的本质属性,而且是人的第一才能。智力创造的形式多种多样,既可以表现为各种表达形式的作品,又可以体现为应用于各领域的发明创造。知识产权法就是为人们创造性劳动所产生的成果提供法律保护的法律。

知识产权是人们对自己的智力活动创作的成果和经营管理活动中的标记、信誉依法享有的权利。一般认为,知识产权主要包括著作权、专利权、商标权三大类。作为大学生最应该了解的是著作权和专利权,这可以帮助我们既不侵权又能维权。

一、著作权

著作权也可称为版权,是指自然人、法人或者其他组织对文学、艺术或科学作品依法享有的财产权利和人身权利的总称。要理解著作权法首先需要理解两个概念:作品和作者。作品包括文字作品,口述作品,音乐、戏剧、曲艺、舞蹈、杂技等艺术作品,美术作品、建筑作品、摄影作品、视听作品、工程设计图、产品设计图、地图、示意图等图形作品和模型作品,以及计算机软件等,特别要注意计算机软件是著作权的保护对象而不是专利权的保护对象。

创作作品的公民是作者。由法人或者其他组织主持,代表法人或者其他组织的意志创作,并由法人或者其他组织承担责任的作品,法人或者其他组织视为作者。劳动者在工作过程中,比较容易在两个方面产生纠纷:一是就职务作品的权利归属与用人单位产生纠纷;二是运用他人作品时容易产生侵权纠纷。所以需要特别注意了解职务作品以及著作权的合理使用等方面的法律规定。

1. 职务作品

自然人为完成法人或者非法人组织的工作任务所创作的作品是职务作品。作为劳动者,运用自己的智慧,通过智力劳动,完成单位的任务,最终是否能享有著作权还要根据具体情况方能确定。一般情况下,职务作品的著作权由作者享有,但法人或者非法人组织有权在业务范围内优先使用。

但是有三种情况,作者仅享有署名权,著作权的其他权利由法人或者非法人组织享有。一是主要是利用法人或者非法人组织的物质技术条件创作,并由法人或者非法人组织承担责任的工程设计图、产品设计图、地图、示意图、计算机软件等职务作品;二是报社、期刊社、通讯社、广播电台、电视台的工作人员创作的职务作品;三是法律、行政法规规定或者合同约定著作权由法人或者非法人组织享有的职务作品。

2. 合理使用

在工作过程中,特别需要注意的是运用他人作品时不可侵权,因此,了解合理使用这一概念就十分必要。合理使用,是指在特定的条件下,法律允许他人自由使用享有著作权的作品,而不必征得权利人的许可,也不向其支付报酬的合法行为。在合理使用时应当指明作者姓名、作品名称等,即需注明出处。合理使用主要涉及个人学习、研究;介绍、评论某一作品或者说明某一问题,在作品中适当引用;为了报道新闻,在报纸、期刊等媒体中不可避免地再现或者引用;为学校课堂教学或者科学研究,供教学或者科研人员使用等情形。《中华人民共和国著作权法》第二十四条明确规定了十三种合理使用的情形。此外,为实施义务教育和国家教育规划而编写出版教科书,除作者事先声明不许使用的外,可以不经著作权人许可,在教科书中汇编已经发表的作品片段等,但需向著作权人支付报酬,指明作者姓名、作品名称等。

二、专利权

专利权是指公民、法人或其他组织依法对发明创造在一定时间范围内所享有的独占使用权。《中华人民共和国专利法》保护的发明创造包括发明、实用新型和外观设计三种。专利权是有期限的权利,发明专利权的期限为二十年,实用新型专利权的期限为十年,外观设计专利权的期限为十五年,自申请日起计算。

作为劳动者最需要关注的是职务发明创造专利权的归属问题。职务发明创造是指执行本单位任务或者主要利用本单位的物质技术条件所完成的发明创造。《中华人民共和国专利法》明确规定职务发明创造的专利权属于单位。《中华人民共和国专利法实施细则》对职务发明进行了明确,具体包括两种情形。一是"执行本单位的任务所完成的职务发明创造",包括:在本职工作中作出的发明创造;履行本单位交付的本职工作之外的任务所作出的发明创造;退休、调离原单位后或者劳动、人事关系终止后1年内作出的,与其在原单位承担的本职工作或者原单位分配的任务有关的发明创造。二是"利用本单位的物质条件完成的发明创造"。这里的物质条件主要指本单位的资金、设备、零部件、原材料或者不对外公开的技术资料等。劳动者在工作中,遇到专利权保护问题时,首先需要清楚地判断自己的发明创造是否属于职务发明创造。

知识拓展

知识产权的相关知识,请扫二维码学习。

知识产权

有关试用期的案例分析

基本案情:小张入职某公司从事信息处理工作,双方签订了两年期限的劳动合同,试用期一个月,经试用期绩效考核业绩不佳。于是,在小张一个月试用期满时,公司作出了不符合录用条件的考核结论。然而,由于公司任务重,人手不足,公司遂决定延长小张的试用期,期限仍然是一个月,小张未对此提出异议。半个月后,小张认为公司延长其试用期的做法不合法,主张按照正式工待遇向其支付工资福利。公司则认为,小张对延长试用期未提出异议,应视为双方已协商一致,而且试用期延长后并未违反《中华人民共和国劳动合同法》第十九条"劳动合同期限一年以上不满三年的,试用期不得超过二个月"的规定。

案例分析:《中华人民共和国劳动合同法》第十九条第二款规定:"用人单位与同一劳动者只能约定一次试用期"。据此,在原合同期限内工作岗位调整,或者第一个劳动合同期满后续签,企业都不能再次约定试用期。试用期限经劳动合同确定就不得再以任何理由延长,即便经双方协商一致在原约定试用期限的基础上延长,且延长后并未超过法律限制,也属于二次约定试用期,构成违法。

请组织一次模拟法庭,分小组扮演原告、被告、审判员三方,审理以上案件,并将原告诉求、被告答辩理由、审判员意见以及案件启示以条目式的形式记入下表中。

序号	角色	内容
1	原告诉求	
2	被告答辩理由	
3	审判员意见	
4	案件启示	

(作者:湖北科技职业学院　李文渊

　　　武汉交通职业学院　王彦杰)

专题五　劳动安全

 导读导学

　　劳动者在生产劳动过程中，可能会面临各种风险或伤害，如火灾、中毒、高处坠落等。这些伤害可能对劳动者本人及家庭和社会造成巨大的影响。学习和掌握基本的劳动安全知识，可以有效避免或减少安全事故及其次生伤害，从而保护劳动者的人身安全。

 案例引入

盲目施救导致事故扩大

　　2022年11月18日16时许，浙江鑫广环保科技有限公司在绍兴市柯桥区浙江天马实业股份有限公司18 000 t/d废水处理与回用工程试运行作业时，发生人员中毒，造成4人死亡、2人受伤。经初步调查，浙江天马实业股份有限公司主要从事纺纱、织造、印染及后整理加工，事发厂区于2020年投产，2021年7月与湖北鑫嘉鸿诚环保科技有限公司（以下简称鑫嘉鸿诚）签订了18 000 t/d废水处理与回用工程建设工程合同，由鑫嘉鸿诚总包并负责土建施工，由浙江鑫广环保科技有限公司负责工艺设计和

运维,目前工程处于试生产调试阶段。11月18日下午,工程总包方鑫嘉鸿诚施工负责人带领10余名员工进行设备调试,发现氯化亚铁储存池往外输送的管道发生堵塞,于是决定通过抽取厌氧池中的污水对管道进行冲洗,清理堵塞物。经多次冲洗无果后,现场1名作业人员在未通风、检测及无任何防护措施的情况下,通过储存池人孔进入池中,中毒倒地,其余5人盲目施救,相继中毒,导致事故扩大。

该起事故暴露出有些地方未深刻吸取嘉兴海宁市龙洲印染有限责任公司"12·3"污水罐体坍塌重大事故教训,存在环保建设项目委托不具备相应资质单位设计建设、施工作业不规范、企业主体责任不落实、地方监管部门责任措施落实不到位、有限空间事故防控漏洞较多等突出问题。

(资料来源:中国安全生产网)

> **讨论:**
> 在该案例中,建设单位、工程总包方、施工方、当地政府和相关部门分别应承担哪些安全管理责任?

学习目标

【素质目标】

1. 增强安全意识,提高防范能力。

2. 形成正确的劳动安全观。

【知识目标】

1. 理解劳动安全的概念,理解不同的安全色和各类安全标志的含义。

2. 了解劳动安全防护用品的种类及作用。

3. 明确岗位实习安全要求,理解常见的岗位实习安全问题及预防措施。

【能力目标】

1. 能够正确识别劳动过程中常见的安全色和安全标志。

2. 能够正确识别不同的劳动安全防护用品,正确使用常见的劳动安全防护用品。

3. 具备劳动安全防范技能,能够正确处理岗位实习安全问题。

主题 5.1　劳动安全常识

一、劳动安全概述

劳动安全又称"职业安全",《中华法学大辞典(劳动法学卷)》中将其定义为:为保护劳动者在生产劳动过程中的安全,防止或消除伤亡事故所采取的各种安全措施。劳动安全属于劳动保护的范畴,其目的是防止危及劳动者人身安全的事故发生,保障劳动者享有在生产劳动过程中的人身安全、免受职业伤害的权益。

对大学生来说,劳动安全是大学生在科研试验、创业竞赛、社会实践、志愿者服务、实习实训等生产劳动和服务性劳动中避免发生所涉及的各种潜在危险和事故风险。

二、常见劳动安全标志

劳动者在工作中常常听到的一句话就是"安全第一"。为了保证劳动者的安全与健康,提醒劳动者注意安全,国家颁布了安全色和安全标志的有关标准,并在工厂和其他劳动现场广泛采用安全色和安全标志。因此,劳动者应熟悉安全色和安全标志,趋利避害。

(一)安全色

安全色是表达或传递安全信息含义的颜色,用来表示禁止、警告、指令、指示等。其作用在于使人员能够对威胁安全和健康的物体和环境尽快地作出反应;迅速发现或分辨安全标志,及时得到提醒,以防止事故、危害等发生。

(二)安全色的类型

我国制定的安全色国家标准规定用红、黄、蓝、绿四种颜色作为全国通用的安全色(见图1)。

查看彩图

图1　安全色

四种安全色的含义和用途如下。

1. 红色

传递禁止、停止、危险或提示消防设备、设施的信息。禁止、停止和有危险的器件设备或环境涂以红色的标记。如禁止标志、交通禁令标志、消防设备、停止按钮和停车、刹车装置的操纵把手、仪表刻度盘上的极限位置刻度、机器转动部件的裸露部分、液化石油气槽车的条带及文字、危险信号旗等。

红色表示"千万不能这么干！"

2. 黄色

传递注意、警告的信息。需警告人们注意的器件、设备或环境涂以黄色标记。如警告标志、交通警告标志、道路交通路面标志、皮带轮及其防护罩的内壁、砂轮机罩的内壁、楼梯的第一级和最后一级的踏步前沿、防护栏杆及警告信号旗等。

黄色表示"小心点，不然容易出事！"

3. 蓝色

传递必须遵守规定的指令性信息。如指令标志、交通指示标志等。

蓝色表示"请按这样的规矩做！"

4. 绿色

传递安全的提示性信息。可以通行或安全情况涂以绿色标记。如通行标志、机器启动按钮、安全信号旗等。

绿色表示"不知道怎么办？就跟着做！"

(三)对比色

对比色是使安全色更加醒目的反衬色，包括黑、白两种颜色。黄色安全色的对比色为黑色，红色、蓝色、绿色安全色的对比色均为白色，而黑、白两色互为对比色。

黑色用于安全标志的文字、图形符号和警告标志的几何边框。白色作为安全标志红、蓝、绿的背景色，也可用于安全标志的文字和图形符号及安全通道、交通的标线及铁路站台上的安全线等。

红色与白色相间的条纹比单独使用红色更为醒目(见图2)，表示禁止通行、禁止跨越等，用于公路交通等方面的防护栏及隔离墩。

黄色与黑色相间的条纹比单独使用黄色更为醒目(见图2),表示要特别注意。用于起重吊钩、剪板机压紧装置、冲床滑块等。

蓝色与白色相间的条纹比单独使用蓝色更为醒目(见图2),用于指示方向,多用于交通指导性导向标。

条纹	说明
红色与白色相间条纹	表示禁止或提示消防设备、设施的安全标记
黄色与黑色相间条纹	表示危险位置的安全标记
蓝色与白色相间条纹	表示指令的安全标记,传递必须遵守规定的信息
绿色与白色相间条纹	表示安全环境的安全标记

图2 对比色

(四)安全标志

1.含义

安全标志是向工作人员警示工作场所或周围环境的危险状况,指导人们采取合理行为的标志。安全标志能够提醒工作人员预防危险,从而避免事故发生;当危险发生时,能够指示人们尽快逃离,或者指示人们采取正确、有效、得力的措施,对危害加以遏制。安全标志的类型不仅要与所警示的内容相吻合,而且设置位置要正确合理,否则就难以充分发挥其警示作用。

根据《安全标志及其使用导则》(GB 2894—2008),安全标志由图形符号、安全色、几何形状或文字构成。

2.分类

安全标志可分为禁止标志、警告标志、指令标志、提示标志四类。另外,还有补充标志,主要是对前四类标志进行补充说明。

1)禁止标志

禁止标志是禁止人们的不安全行为或制止人们的某些行动。其几何图形是带斜杠的圆环,圆环与斜杠相连,用红色,图形符号用黑色,背景用白色(见图3)。

图3 禁止标志示例

2) 警告标志

警告标志是提醒人们对周围环境引起注意,避免可能发生的危险。其几何图形是黑色的正三角形,图形符号用黑色,背景用黄色(见图4)。

图4 警告标志示例

3) 指令标志

指令标志是强制人们做出某种动作或采用防范措施,必须遵守。其几何图形是圆形,图形符号用白色,背景用蓝色(见图5)。

4) 提示标志

提示标志是向人们提供某种信息,示意目标的方向,如标明安全设施或场所等。其几何图形是正方形,图形符号及文字用白色,背景用绿色(见图6)。

5) 补充标志

补充标志是对禁止标志、警告标志、指令标志、提示标志四类标志进行补充说明,以防误解。

图 5　指令标志示例

图 6　提示标志示例

补充标志有横写和竖写两种(见图 7)。竖写的写在标志杆上部,白底黑字;横写的为长方形,用于禁止标志的为红底白字,用于警告标志的为白底黑字,用于指令标志的为蓝底白字。

图 7　补充标志示例

三、人身安全概念

从广义范畴来讲,人身安全包括人的生命、健康、行动自由、住宅、人格、名誉等的安全。从狭义范畴来讲,如刑法上人身安全的本义,是作为自然人的身体本身的安全,任何人不得侵犯他人的人身安全。

人身安全是人类的基本生存需求。它不仅关系着劳动者的切身利益,也时刻牵动着家庭、社会的敏感神经。人身安全事故一旦发生,不仅给劳动者自身造成严重伤害,也会给整个家庭带来巨大痛苦和打击。因此,了解身边存在的人身安全隐患,是每个劳动者爱人爱己的重要内容,也成为一门"必修课"。

>> 知识拓展

请扫二维码观看高层火灾如何逃生。

高层火灾如何逃生

主题 5.2　安全防范技能

一、树立劳动安全意识

安全意识就是人们头脑中建立起来的安全观念,是在生产活动中,有可能对自己或他人造成伤害的外在环境条件的一种戒备和警觉的心理状态。在劳动过程中,劳动者一旦发生事故,轻则影响正常劳动,重则造成财产损失和人员伤亡。因此,劳动安全是保护劳动者安全健康的基本条件,劳动者树立良好的安全意识至关重要。

(一)遵守安全规章制度

在工作和生活中,会接触到各种安全规章制度,如宿舍安全规章制度、实验室安全规章制度、消防安全规章制度等。这些安全规章制度在保障劳动者安全方面发挥了积极的作用。每个劳动者应该从遵守安全规章制度开始,养成重视安全规章制度的习惯,增强遵章守纪的自觉性,抵制违反安全规章制度的行为,防患于未然。如果为了自己省力省事而去违反安全规章制度,那就是对国家不负责任,对社会不负责任,对人民的生命财产不负责任,对自己和他人的家庭幸福不负责任,最终会付出血的代价。

(二)积极参加安全活动

劳动者应该积极参加单位组织的安全培训和演练活动。按照活动主题、步骤和要求,认真参与,进行安全自查和隐患排查整改等,增强自己的安全意识。

(三)吸取经验教训

劳动者可以从单位介绍的安全事故案例中吸取经验教训,分析发生事故的原因,提高自己对劳动安全的重视,进一步增强劳动安全意识,从而有针对性地避免劳动安全事故的发生。

(四)发现事故隐患及时报告

劳动者既要自觉遵守安全生产规章制度和劳动纪律,还要随时制止他人违章作业、关心周围劳动安全情况。当发现事故隐患和不安全因素时,要及时向上级或有关部门汇报情况;一旦发生事故,及时抢救伤员、保护现场,同时协助有关人员做好调查工作。

二、劳动安全防护用品

(一)定义

劳动安全防护用品是指由用人单位为劳动者配备的,使其在劳动过程中免遭或者减轻事故伤害及职业病危害的个体防护装备。为了提高劳动安全意识,既要了解劳动岗位需要什么样的劳动保护用品,还要了解个人防护用品的正确佩戴和使用方法。

(二)分类

劳动安全防护用品按人体防护部位通常可划分为9大类:头部防护用品、呼吸器官防护用品、眼面部防护用品、听觉器官防护用品、手部防护用品、足部防护用品、躯干防护用品、防坠落用品,以及护肤用品。

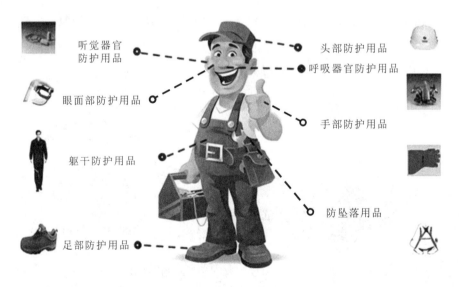

图8　劳动安全防护用品分类

1. 头部防护用品

头部防护用品是为了防御头部不受外来物体打击和其他因素危害而配备的个人防护装备。在工伤、交通死亡事故中,因头部受伤致死的比例非常高,使用安全帽(见

图9)能够避免或减轻头部受到的伤害。

(a) 外观　　　　　　　　　　(b) 内衬展示

图9　安全帽

2. 呼吸器官防护用品

呼吸器官防护用品是为防御有害气体、蒸气、粉尘、烟、雾从呼吸道吸入,直接向使用者供氧或清洁空气,保证尘、毒污染或缺氧环境中的作业人员正常呼吸的防护用品。

呼吸器官防护用品主要有防尘口罩和防毒口罩(面罩),如图10、图11所示。

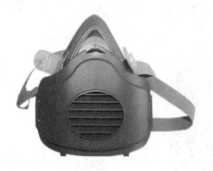 

图10　煤矿防尘口罩　　　　图11　防毒口罩(面罩)

3. 眼面部防护用品

预防烟雾、尘粒、金属火花和飞屑、热、电磁辐射、激光、化学飞溅等伤害眼睛或面部的个人防护用品称为眼面部防护用品(见图12、图13)。

图12 护目镜

图13 手持式焊接面罩

4. 听觉器官防护用品

听觉器官防护用品是指能够防止过量的声能侵入外耳道,使人耳避免噪声的过度刺激,减少听力损失,预防噪声对身体造成不良影响的个体防护用品,主要包括耳塞、耳罩和防噪声头盔三大类(见图14)。

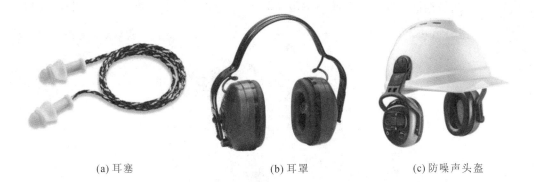

(a) 耳塞　　　　　　　(b) 耳罩　　　　　　　(c) 防噪声头盔

图14 听觉器官防护用品

5. 手部防护用品

具有保护手和手臂的功能,供劳动者劳动时佩戴的手套称为手部防护用品,通常称为劳动防护手套(见图15、图16)。

图15　12 kV带电作业绝缘手套

图16　焊工手套

6.足部防护用品

足部防护用品是指防止生产过程中有害物质和能量损伤劳动者足部的护具,通常称为防护鞋,也称安全鞋。

7.躯干防护用品

躯干防护用品即通常所说的防护服。防护服(见图17)由上衣、裤子等组成,可以是连身式结构,也可以是分体式结构。防护服应结构合理,便于穿脱,结合部位严密。

图17　纯棉防护服

8.防坠落用品

防坠落用品主要有安全带(见图18)、安全网等,主要用于防止人体坠落伤亡和坠落事故发生。

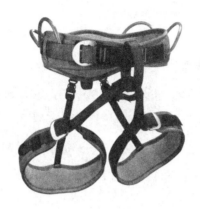

图 18　适用于爬梯登高作业的安全带

三、常用安全防范技能

（一）防火安全

人们的活动场所很广泛，不同场所发生火灾后需要采取的逃生方法各有不同，我们应熟悉日常学习、工作和生活场所的消防安全出口、逃生线路等。发现火情初起时保持镇定，不要惊慌，应及时寻求帮助，酌情选择灭火器、水或以扑打、窒息灭火等方法将其扑灭。

1. 突遇高层建筑火灾时

（1）首先要保持镇定，迅速判断逃离方向，尽快撤离险地，千万不要盲目地跟从人流，相互拥挤、乱冲乱窜。

（2）不要贪恋贵重物品，已经逃离险地的人员，切记不可重返险地。

（3）要佩戴防烟面罩或用浸湿的毛巾捂住口鼻弯腰低姿势撤离。

（4）千万不能乘坐电梯，要沿着较为安全的楼梯通道向下跑；向下通道被烟火封堵时，可退守到相邻楼层或房间避难。

（5）如果摸门把已感到烫手，应退回房中，将被罩等物品浸湿后封堵门缝，在窗边寻求救援。

2. 突遇地铁火灾时

（1）发现火情后，应首先报警，然后寻找附近的灭火器材进行灭火，力求把初起之火控制在最小范围内，并采取一切可能的措施将其扑灭。如初期火灾扑救失败，应及时关闭车厢门,防止火势蔓延,赢得逃生时间。

(2) 逃生时,应采取低姿势前进(但不可匍匐前进,以免贻误逃生时机),不要做深呼吸,可能的情况下用湿衣服或毛巾捂住口鼻,防止烟雾进入呼吸道,同时要注意选择好逃生路线;如果发生火灾,地铁里会开启排风装置、送风装置,这时要顶着风走,迎面而来的是风而不是浓烟,有助于大家逃生。

(3) 在逃生过程中要坚决听从地铁工作人员的指挥和引导疏散,决不能盲目乱窜,已逃离地下建筑的人员不得再返回地下,万一疏散通道被大火阻断,应尽量想办法延长生存时间,等待消防队员前来救援。

(二) 用电安全

随着各种电器的普及应用,正确掌握安全用电知识,确保用电安全至关重要。发现有人触电时,首先要保持镇定,不要直接用手去拉触电者,不要用剪刀剪电线,否则救人者自己也会触电。必须要在保证救护者安全的同时,对触电者进行抢救。

(1) 迅速脱离电源。如果电源开关离救护人员很近时,应立即拉下开关切断电源;当电源开关离救护人员较远时,可用绝缘手套或木棒将电源切断。

(2) 就地急救处理。当触电者脱离电源后必须在现场就地抢救。

(3) 规范地进行人工呼吸。如果呼吸停止,采用口对口人工呼吸法抢救;如果心脏停止跳动或不规则颤动,可进行人工胸外挤压法抢救。

(4) 坚持抢救。坚持就是触电者复生的希望,即使只有百分之一的希望也要尽百分之百的努力。

知识拓展

劳动防护用品安全知识,请扫二维码观看。

劳动防护用品
安全知识

主题 5.3　岗位实习安全

一、岗位实习安全的重要性

岗位实习指具备一定岗位实践工作能力的学生,在专业人员指导下,辅助或相对独立参与实际工作的活动①。岗位实习的顺利开展对于学生社会角色的转换与职业能力的提升起到关键作用。保障学生生命安全和企业财产安全,是岗位工作最重要的要求之一。实习学生应立足本职岗位,加强安全知识学习,从自身做起,自觉遵守实习单位的劳动纪律和各项安全操作规程,牢固树立"安全第一"的意识,才能保障岗位实习顺利进行。

二、岗位实习安全要求

（1）严格遵守国家的法律、法规和相关规定,不得从事任何违法活动。

（2）要增强安全防范意识,提高自我保护能力,明辨是非,要拒绝他人的无理要求;不得私自到江河湖海、水库、山塘游泳或从事其他危险活动。

（3）要自尊、自重、自爱,遵守社会公德和公共场所的有关规定,远离毒品,不打架斗殴,不酗酒闹事,不得参加传销,不从事迷信活动,不参加非法组织。

（4）注意实习期间的工作安全和实习期间以外的人身和财产安全,防止各种事故的发生;同学之间相互关照,如发现身体不适等异常情况,应尽快报告实习指导老师。

（5）严格遵守实习纪律和实习单位的各项规章制度,服从管理。不得擅自动用岗位的设备器件,不准携带任何与实习无关的物品进入实习单位办公场所。

（6）实习期间,如遇特殊情况,需请假,要履行请假手续,经同意后方可离开。

三、岗位实习中常见的安全问题

1. 安全事故

在岗位实习中,安全事故主要有工伤事故和交通事故。事故的发生存在多种原

---

① 中华人民共和国教育部等八部门关于印发《职业学校学生实习管理规定》的通知(教职成〔2021〕4号)。

因,如:学生的安全意识不强;专业操作能力欠缺;未严格按照安全操作规定作业;机器故障;企业安全管理存在漏洞;与同学发生冲突,等等。

2. 疾病

有些实习岗位因工作特点或受工作环境、设备、管理等限制,会给学生带来职业疾病威胁。还有的工作需要实习生久坐、久站、跑外、接触对人体不利的物质等。另外,有的学生本身患有隐性疾病或慢性病,在实习环境中由于受到工作条件或精神方面的刺激导致疾病发作,形成了严重的疾病风险隐患。

3. 其他安全问题

除以上两个方面,还有一些其他安全问题。例如:发生小额贷款后放贷人可能会采取恐吓、殴打、威胁等方式暴力讨债;感情纠葛引发矛盾冲突;业余时间外出购物、上网、娱乐、恋爱及去有安全隐患的场所而造成的人身安全事故;学生社会经验不足被骗损失钱财甚至受到人身伤害;学生往返实习单位与学校时发生交通意外,等等。

四、岗位实习安全问题防范措施

为确保实习生能够顺利、平安地完成实习任务,实现平稳就业,必须本着安全重于一切的原则,在岗位实习全过程中,采取多种方式,多环节、多层面地建立机制,确保实习安全。

1. 做好上岗安全教育,强化安全意识

岗位实习具有实习人数多、实习时间长、实习安排复杂程度高、安全隐患多、学生经验不足等特点。在学生进入企业之前,应把风险意识深入心中,对实习中的各类安全问题进行识别监测、预防控制和处理,以达到有效化解潜在风险,保障健康、平安实习的目的。

通过各种途径强化安全教育,使安全意识深入人心。例如,定期开展安全教育、心理健康教育等培训或讲座,把风险防范作为常识性知识在学生中普及;在学生中推广以饮食、交通、水电、校舍、消防、生活设施、传染性疾病、实习工具安全操作设施为重点的安全知识教育;针对岗位工作特点专门印制安全教育手册,搜集工伤事故、交通事故、财产损失等案例,图文并茂,便于学生学习;根据企业工作情境,安排安全事故应急模拟演练,包括事故报警、现场保护、安全施救等环节,提高学生自我救护水平和应急应变能力,掌握应对危险的方法,知晓求助渠道,熟练使用各种安全工具及设备。无论采取何种形式,凡是有利于学生学习安全知识的方法都可以尝试。

2.慎重选择实习企业,明确双方的权利与义务

(1)慎重选择实习企业。

在与企业建立合作关系之前,要对拟实习企业的经营状况、业务范围、企业文化、工作环境、生活环境、用工制度、薪酬待遇等进行全面深入的考察。尽量安排学生到生产技术和管理理念先进、制度严格、经营规范、遵纪守法、社会声誉良好的企业开展实习。

(2)明确校企权利义务。

在与企业达成实习意向时,应与企业签订实习协议,明确各方的责任、权利和义务。列明实习企业提供的工作岗位、工作时间、休假安排、实习报酬、劳动保护和劳动安全等基本要件,明确学生须遵循的各项规章制度和操作规范。对安全事故的处理、救援,以及事后的安置、赔偿等事宜明确各自的责任,维护学生的合法权益。

另外,学生自行联系实习企业时,应提醒学生通过各种渠道认真核实企业资质、资信情况,签订实习协议,注意留存能证明与用人单位发生劳务关系的凭据,如工资条、工作服、报销单据等。

3.适应从学生到职业人的角色转换,遵守规章制度和操作规程

(1)实习期间,定期与教师通过短信、电话、微信、QQ等方式保持联系。

(2)严格遵守工作纪律,坚持做到不迟到、不早退、不串岗、不脱岗,工作期间不办私事,工作之余不私自外出,遇事请假。

(3)通过各种形式,增强安全防范意识,注意交通安全、防触电、防溺水、防中毒、防雷电。

(4)严格遵守岗位操作规程和安全管理制度,严防机械事故、人身伤亡事故等工作责任事故及人身安全事故的发生。

(5)在实习期间,严禁到江、河、湖泊、水塘等地游泳;严禁工作时间喝酒、吸烟;严禁乘坐无保险的私人营运车辆,严禁违反学校和单位的有关安全制度。

（6）实习过程中，严格检查设备和场地，凡发现不符合安全生产要求的情况，有可能进入危险厂房、接触危险设备、进入危险场地的情况，学生应及时向实习指导教师反映，待确认安全后再进行操作。

（7）不轻信他人的花言巧语，擦亮眼睛、提高警惕，树立防范意识，避免加入传销组织，遇事及时跟学校或家长联系，谨防上当受骗。

（8）遵守国家法律、校纪校规及实习单位的规章制度，并服从单位的管理和工作安排，虚心好学，遵守职业道德，接受实习单位的考核，尊重实习单位的领导和员工。

（9）实习期间，未经批准，不得擅自离开实习单位，实习中途变更实习单位的需经单位同意并及时通知班主任或指导老师。

知识拓展

岗位实习安全知识，请扫二维码学习。

岗位实习
安全知识

请扫二维码，完成在线练习。

专题五思考练习

（作者：湖北交通职业技术学院　孔德斌

湖北水利水电职业技术学院　朱光波）

下篇 实践篇 practice

模块一　日常生活劳动

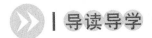

导读导学

《湖北省人民政府关于印发全面加强新时代大中小学劳动教育若干措施的通知》要求"在学校日常运行中渗透劳动教育,积极组织学生参与校园卫生保洁、绿化美化和勤工助学活动,开展日常生活劳动,培养良好的日常生活习惯。""要鼓励学生从事家务劳动,针对学生年龄特点和个性差异,培养学生掌握洗衣做饭等必要的家务劳动技能,每年有针对性地学会1至2项生活技能。"劳动教育课程要取得育人实效,更要注重实践,大学生要注重"做中学""学中做",激发参与劳动的主动性、积极性和创造性。

任务1.1　开展宿舍卫生劳动

任务导入

某大学设置劳动教育必修课,内容包含打扫宿舍卫生、校园文明值日、学校食堂餐盘清理、校园义工活动等,劳动教育直接和学分、学时挂钩。某天,就读该校大一的小明同学被辅导员叫去了办公室,辅导员说小明同学的宿舍脏乱差,会影响到毕业,小明同学一头雾水,宿舍卫生不好也会影响毕业? 后经过老师的提醒才发现劳动素养(实践)学分是必修学分,而其中对"生活劳动"学分考评有明确的要求,这才下决心努力改变宿舍面貌。

这所大学劳动素养(实践)中的生活劳动考评办法就是以每周宿舍卫生评比为载体,每周一、周三以宿舍为单位开展宿舍卫生劳动,辅导员组织开展宿舍卫生评比活动。

任务目标

【素质目标】

明白劳动创造美好生活的道理,形成良好的劳动习惯。

【知识目标】

1. 了解常见日常生活劳动的形式与内容。

2. 了解校内日常生活劳动的教育意义和目的。

【能力目标】

1. 掌握大学生集体宿舍卫生安全生活技能和劳动技能。

2. 与他人共同完成日常劳动实践活动,提高劳动协作能力。

实施要点

一、生活劳动遵循的原则和意义

某大学会将5月设为"劳动教育主题月",有不少同学会分享他们开展生活劳动的经验。虽然打扫卫生等事情看似很琐碎,但通常也是很有"讲究"的。

(1) 及时。宿舍清洁卫生勿拖延,定期开展大扫除,就会既省时又省力。

(2) 分散。将宿舍清洁卫生分散来做,一次做一点,就会显得轻松。

(3) 由简到难。做宿舍清洁卫生可以先从容易做的入手,这样可以比较快地看到劳动成果。

(4) 服从分配。校内日常生活劳动场所通常都是集体环境,要遵守劳动纪律,服从学校或宿舍集体安排,认真完成劳动任务。

(5) 注意安全。要根据劳动环境的变化保护自己,避免触电、摔落、扎伤等。

二、了解宿舍卫生保洁标准

（1）地面、墙壁、衣柜、门窗、床、卫生间、洗手槽，需每天擦洗干净。地面干净整洁，无纸屑、果皮、杂物、污水积存现象。

（2）门窗、柜子等无浮尘污迹，无手印、脚印，墙壁内墙角无蜘蛛网等现象。墙上严禁乱钉钉子、乱挂杂物、乱贴字画、乱扯绳子等。

（3）暖瓶、洗漱用品、餐具、卫生用具等要有层次、统一位置、固定摆放，脸盆内不能出现污水不倒等现象。

（4）床上被褥叠放整齐，方向一致，床单干净整洁；床铺下鞋子摆放有序，形式统一。室内无乱扯乱挂、乱刻乱画的情况。

（5）卫生间地面干净整洁，无果皮、纸屑等杂物和污水积存现象，空气清新，便池内无粪便积存，冲刷干净，流水畅通无异味。室内垃圾必须袋装，每天及时送到垃圾池内。

（6）每天不少于3次通风换气。

小贴士：新鲜空气能够去除过量的湿气和稀释室内污染物。教室、宿舍、图书馆等公共场所应定时开窗通风，保持空气流通，让阳光射进室内，因为阳光中的紫外线具有杀菌作用。

三、宿舍卫生保洁操作任务

了解了宿舍卫生保洁标准后，同学们就可以开始清洁工作了，请对照下表中的任务实施。

任务	物品准备	步骤
换铺床单	干净床单1条、洗涤盆1个	步骤1：开窗通风。 步骤2：换床单。挪开床上原有被褥，至干净处放置，换下原有床单时不抖撒不扬尘，搁至洗涤盆内不乱扔。 小贴士：灰尘、小棉絮或绒毛会堆积在被子上，换床单时抖撒扬尘，小灰尘很容易被吸入，对健康有害。 步骤3：铺床单。正面向上，中线居中，向两边展开，两边下垂部分垂直对称，床面平整挺括。 步骤4：叠被褥。被面向上，中线居中，整齐平整，有型美观。 步骤5：铺床罩。床面挺括、平整、美观。

续表

任务	物品准备	步骤
地面保洁	软扫帚、簸箕	步骤1:开窗通风。 步骤2:清扫地面。清扫地面垃圾时不扬尘。 步骤3:物品归位。清洁时,整理归位移动过的地毯及其他物品。
卫生间保洁	清洁剂、消毒液各1瓶,干、湿抹布若干,橡胶手套1副	步骤1:选择清洁剂和清洁工具,戴好橡胶手套。 步骤2:清洁卫生间墙面。用浴室清洁剂在距瓷砖墙面20 cm处均匀喷射,用海绵或抹布擦匀后,稍待片刻,再用清水冲洗,擦干。 步骤3:清洁盥洗台。遵循先上后下的顺序,依次清洁盥洗台。 步骤4:清洁地面。用抹布擦净地面,做到整体洁净,无污渍、无水渍、无异味、无发丝黏附。 步骤5:整理归位。

四、了解宿舍安全标准

在学校里,宿舍是我们生活休息的主要场所,自觉维护宿舍安全,是我们义不容辞的责任。要切记以下宿舍安全小常识。

1. 宿舍防火

宿舍火灾的发生主要因以下几类违规行为而起:

(1)使用违规电器。违规电器主要指大功率或无安全保障的电器,如热得快、电饭锅、电热杯等。在使用大功率电器等违规电器时,由于通电后遗忘或放置不当等原因,引燃附近易燃物,因此很容易造成火灾。

(2)违章使用明火。使用明火主要是指点蜡烛、吸烟、在宿舍焚烧杂物等。宿舍内放置的物品又多是被褥、书本等易燃物,稍有不慎就会引发火灾。

(3)私拉乱接电线。宿舍内私拉电线,乱接插座,更有甚者直接将电线接到床上,电线没有被固定经常被拖来拽去,导致接头松动,极易造成线路短路或因接触不良而发热起火。

2. 宿舍人身安全防范

宿舍人身安全隐患的发生主要因以下几类错误行为而起:

(1)夜不归宿行为。为了保证学生的安全,宿舍都严格规定熄灯时间,但仍有学生抵挡不了校园外的诱惑,晚归或夜不归宿,这对学生的人身安全造成了极大威胁。

(2)缺乏个人财物防护意识。部分学生对自己的财物缺乏保护意识和技能,给作案人以可乘之机。学校校园面积普遍较大,校园周边地区环境复杂,许多外来人员可随意出入校园,这为不法分子提供了便利。

(3)宿舍冲突行为。来自于五湖四海的同学汇聚在一起,每个人的生活环境不同,性格不同,可能相处起来不那么愉快,导致在人际交往中产生矛盾。

> **任务拓展**

某高职院校,校园中能随处看到身穿迷彩服、列队行进的"军士生",让我们一起去看看他们的内务整理,听听他们怎么说。

内务整理

任务1.2 个人空间的整理收纳

任务导入

中华人民共和国国家发展和改革委员会官网曾以"上门做饭、收纳整理……'懒人经济'火了!"为题报道当前越来越多的年轻人倾向于花钱"买服务"来提升生活幸福指数,于是衍生了许多新兴行业。收纳整理师、遛狗师、代收垃圾网约工、上门做饭钟点工等新职业不断涌现。收纳整理师不仅要为客户规划整洁有序的生活空间,也要帮助客户提高整理收纳的能力,整理收纳能将物品摆放于合适的空间中,让人感觉舒适。

请同学们利用本任务学习到的技巧来对个人物品进行分类、整理、收纳。

任务目标

【素质目标】

体验劳动的生活乐趣,培养热爱劳动、热爱生活的品质。

【知识目标】

了解整理收纳的作用与原则。

【能力目标】

掌握物品整理收纳的技巧。

实施要点

一、整理收纳的原则

1. 使用频率优先

根据使用习惯和生活习惯对物品进行分类、分架存放,使用频率高的放在易取的位置,使用频率低的可收纳于柜中。具体整理收纳原则见下表。

使用频次（相关物品）	整理收纳原则	收纳心得
频用物品（内衣裤、袜子、纸巾等）	私密物品放在方便取放且有一定遮掩性的地方，非私密物品一般放在可随手取用的地方	每个季节可保留一周的衣物方便取用
常用物品（清洁用品、饰品等）	同时兼顾存放和取用的方便性	作用一致的物品建议放在一起
偶尔使用的物品（各种修理工具）	方便为主，适当考虑取用时间	这类物品请确定一个专属位置存放
不用物品（淘汰物品、过期食品等）	不占用储物空间，做好垃圾分类，果断丢弃	待淘汰物品可在不过多占用储物空间的情况下短时存放

2. 易看易拿

设置醒目明确的标志、约定俗成的位置是很有必要的。常用的如水杯、纸巾等物品应该放在视野范围内，不仅方便使用，还可减少储存空间压力。新买的或保质期较短的物品可以规划一个固定空间存放，提醒及时使用。对于重要的证件、证书等物品建议找个盒子存放。按照上轻下重或上高下矮的原则，保证取存安全。

3. 就需就近

将生活中存放的各类物品与主要使用空间建立对应关系，综合考虑共同居住者的储物心理需求、使用频率、储藏空间大小等，还要符合使用者的日常使用规律。物品使用完后及时放回收纳区是个很好的生活习惯。

4. 总量限定

一般在整理收纳时，柜子不可塞得过满。根据不同的空间，所放杂物量占整体空间的比例常按下表做限定。

空间特点	实际空间	整理收纳原则
看不见的收纳空间	指衣橱、抽屉、壁柜等	"七分满"，给物品取放留出通道，方便收纳
看得见的收纳空间	带玻璃门的壁橱或者开放式的收纳架	"五分满"，尽量保持整洁、美观
展示性的收纳空间	玄关柜或电视柜	"一分满"，呈现清爽、高级的美感

小贴士：对于学生宿舍这类较小的收纳空间，同学们可以使用可折叠的小家具，这样可以更大限度利用空间。

二、物品整理收纳的技巧

（1）衣柜整理。

学校宿舍里的衣柜大多是直筒式的，在放置衣物时，往往浪费了很多空间。同学们可根据衣物长短，利用衣柜隔板在衣柜中划分出合适的区域，充分规整空间。此外，还可以在衣柜中放一些多层收纳挂筐进行纵向分类，既充分利用了收纳空间，又能将贴身衣物、帽子、包分类收纳。如果宿舍的衣柜里没有挂衣杆，可以用伸缩杆代替。

（2）桌面美化。

如何让书桌有更多收纳空间？网格板和桌下挂篮是常见的选择。网格板轻便实用，价格便宜，将网格板放置在桌面旁边的墙上，不仅能够收纳桌面的小物件，比如墨镜、饰品等，而且很适合存放钥匙这类担心遗忘的物品。桌下挂篮能创造隐形的收纳空间，可以放置一些书本等物品。

（3）床边装饰。

床边挂篮和床边挂袋可以放水杯、纸巾、床头读物、贴身衣物等，避免了远距离取放，还可以保证床铺的整洁。选择床边挂篮需关注承重量，避免出现危险。

任务拓展

请扫二维码学习衣物的折叠方法。

衣物折叠方法

任务1.3 宣传垃圾分类政策

任务导入

我国是人口大国,垃圾产生量庞大,且随着经济稳步发展、民众生活消费水平提升和城镇化率不断提高,生活垃圾产生量持续走高。加快推进生活垃圾分类和处理设施建设,提升全社会生活垃圾分类和处理水平,是改善城镇生态环境、保障人民健康的有效举措,对推动生态文明建设实现新进步,使社会文明程度得到新提高具有重要意义。

某大学为了响应生活垃圾分类政策,通过"劳动素养-环保意识"积分模式开展了"互联网+垃圾分类""互联网+再生资源"回收活动。

请以宿舍为单位利用课余时间深入校园、社区进行实地调研或宣传,通过自行设计开发或利用已有的小程序(App),在宿舍1~2层楼尝试开展一个月的回收活动,课上与同学分享垃圾分类或资源回收的新模式。

任务目标

【素质目标】

1. 养成良好的生活习惯,爱护环境。
2. 培养尊重他人劳动成果的良好品质。

【知识目标】

熟悉垃圾分类的标准。

【能力目标】

能有效宣传垃圾分类的政策。

实施要点

一、生活垃圾的分类

2019年11月15日,住房和城乡建设部发布了新版标准《生活垃圾分类标志》

(GB/T 19095—2019)。新标准将生活垃圾分为可回收物、有害垃圾、厨余垃圾和其他垃圾四类。

(1) 可回收物：指适宜回收利用的生活垃圾。材质为纸类、塑料、金属、玻璃、织物。

(2) 有害垃圾：指对人体健康和自然环境造成直接或潜在危害的生活废弃物。居民生活垃圾中的有害垃圾包括灯管、家用化学品、电池。

(3) 厨余垃圾：也称为湿垃圾，指居民在日常生活及食品加工、饮食服务、单位供餐等活动中产生的易腐的、含有机质的生活垃圾，包括家庭厨余垃圾、餐厨垃圾、其他厨余垃圾。

(4) 其他垃圾：也称为干垃圾，指危害较小，但无再利用价值的垃圾，是除可回收物、有害垃圾、厨余垃圾之外的垃圾。

小贴士：除上述四类生活垃圾外，家具、家用电器等大件垃圾和装修垃圾应单独分类。

生活垃圾图形符号见下表。

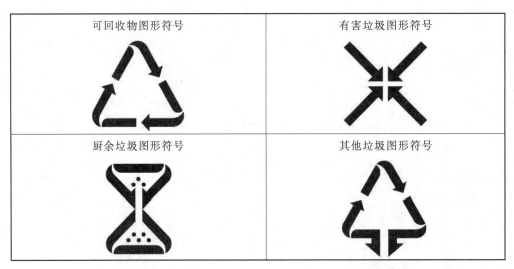

二、垃圾分类的意义

垃圾分类是指按照垃圾的成分、属性、利用价值、对环境影响以及现有处理方式的要求，将垃圾分门别类投放，通过分类清运和回收使之重新变成资源。垃圾分类具有以下几方面的意义。

1. 减少环境污染与节省土地资源

将易腐有机成分为主的厨余垃圾单独分类,为垃圾堆肥提供优质原料,有利于改善土壤肥力,减少化肥施用量。将有害垃圾分拣出来,减少了垃圾中的重金属、有机污染物、致病菌的含量,有利于垃圾的无害化处理,减少了垃圾处理过程中的水、土壤、大气污染风险。

2. 促进资源的循环利用

通过垃圾分类,回收可利用的垃圾,可以提高废品回收利用比例,促进资源的循环利用,减少对原材料的需求,减少二氧化碳的排放。

3. 提高环保意识

普及环保与垃圾分类的知识,提升全社会对生态环境保护的认知,减少环境保洁人员的工作难度,形成尊重他人劳动成果的氛围。

任务拓展

某高职院校组织志愿者在社区开展垃圾分类知识的宣传讲解,让我们听听志愿者怎么说?并在课堂上分享体会。

垃圾分类知识

任务1.4　开展"6S"实训室劳动

任务导入

实训室劳动分为实训课中和课后的劳动,还有课前的物料、资料等准备性劳动。

课中劳动即学生在课堂中参加的劳动。高职院校实训课或课程设计课程中,学生需要学习一定的劳动技能或专业技能,并动手实践、反复练习。比如数控机床调试、电子装配、茶艺、操作仪器仪表等职业技能劳动训练。

课后劳动包含了实训课后实训设备的还原、规整、卫生清理等。

高职院校需培养新时代高素质技术技能型人才,实训基地包含了实训室(实践教学区、理论教学区)、教学辅助空间(陈列展示区、阅览区、物资准备区)等部分。请你观察本专业某门课程的实训室,在实训老师的指导下完成该课后劳动,了解一下"6S"管理模式。

任务目标

【素质目标】

体会劳动创造价值的真谛,能创新开展实训室劳动。

【知识目标】

了解"6S"管理模式。

【能力目标】

掌握实训室还原、规整、卫生清理劳动技能。

实施要点

一、"6S"管理模式

"6S"管理是一种生产现场的管理方法,其作用是提高工作效率,保证生产安全,能够使工作环境整洁有序。"6S"管理的主要内容为整理、整顿、清扫、清洁、素养、安全。

整理。整理是工作现场改进,对现场物品进行分类,只留下跟生产工作相关、必须的物品,其他不相关的物品都要整理到其他地方。

整顿。整顿是把整理之后保留下来的与生产相关的物品整齐摆放在规定位置,并加上标签。

清扫。清扫是在整顿之后,在工作场所进行清扫,营造干净整洁的生产环境。

清洁。清洁是指保持整理、整顿、清扫的成果,持续保持良好的生产工作环境。

素养。素养是制定管理制度,使生产者遵守规章制度,培养良好的职业素养,长时间执行并最终形成一种主动的良好习惯。

安全。安全是以预防为主,对所有人员进行安全操作教育,采取措施保障人员安全。

"6S"管理中的整理,要求学生在实训活动中能够准确区分现场环境中的"要"和"不要"的物品,培养学生有效利用空间的意识。整顿,要求学生在实训练习结束后将物品放回原位,养成规整的习惯。清扫,要求学生在实训结束后主动清除现场脏污,目的在于保持现场环境清洁度,养成自觉的劳动习惯。清洁,要求学生在实训练习中及时清洗仪器,提高设备使用率。素养,要求学生按照规定开展实习实训,培养纪律性。安全,要求学生不能出现违规操作,保证实训操作现场的安全性。

二、高职院校常见实训室维护特点

1. 计算机实训室

计算机实训室面对的学生和培训项目比较多,学生流动性较强,实训室环境要保持整洁和适宜的温度,若温度过高,计算机就会出现散热困难,导致硬件运行出现问题,而且计算机容易死机,甚至出现计算机主板芯片烧毁的情况。灰尘对计算机设备的影响也很大,容易造成计算机接插件接触不良、显示器老化、键盘和鼠标失灵等情况。

2. 食检类化学药品实训室

食检类化学药品实训室涉及化学药品种类繁多,其中多为腐蚀性化学药品、致癌性化学药品及易燃易爆化学试剂。一旦出现化学药品使用后未放回指定位置,实验试剂瓶的试剂名称、配置时间等信息未规范书写,药品存放地点无安全警示标志,化学试剂出入库登记不全、台账不清等不规范的操作,将会造成严重安全事故。

3. 装备制造类实训室

装备制造类实训室的种类包含有机械设计制造类、电气电子类、自动化类、铁道装备类、船舶与海洋工程装备类、航空装备类以及汽车制造类的实验实训室。以汽车专业实训室为例,例如:学生在操作新能源设备时由于不规范操作导致线路短路,引发安全隐患;在汽车钣金的操作过程中,由于没有严格地做好防火防护,从而引发火灾;在新能源汽车电路连接上,在连接电路时不认真操作,导致某些线路虚接,从而引发火灾。

▶ 任务拓展

请扫二维码观看某高职院校实训室的课后劳动视频。

实训室劳动

(作者:武汉船舶职业技术学院　王洋　於建伟)

模块二　服务性劳动

任务 2.1　志愿服务要求与技能

　导读导学

作为当代社会文明进步的标识,志愿服务在我国已呈现出兴盛蓬勃的发展态势。随着志愿者队伍的不断壮大、社会服务体系和社会文明体系不断完善,志愿服务覆盖的领域越来越广泛,志愿服务在为人民服务、发挥公益性作用、实现社会价值等方面的作用越来越显著,也得到了人民群众和社会各界的广泛关注和积极评价。对于高校而言,志愿服务作为培育和践行社会主义核心价值观的重要内容与载体,是高校进行思想政治教育、实现实践育人的有效手段,是高校"三全育人"的重要内容,也是高校完成立德树人根本任务的重要保证。动员大学生积极参与志愿服务有利于整合性、开放性的劳动育人格局的形成。探寻有效的、适合大学生成长规律的劳动教育途径,既是贯彻国家教育方针的需要,也是促进新时代大学生全面发展的现实要求。

　任务导入

高校大学生志愿服务活动秉承着"奉献、友爱、互助、进步"的志愿服务精神,是大学生培养和践行社会主义核心价值观的重要载体。如何在志愿服务中发挥专业所长,展现高校志愿服务实践育人作用,成为提升高校大学生志愿服务成效、优化高校志愿服务内容的重要课题。

请每一位同学在校期间利用课余时间至少参加两项校内的志愿服务活动,并动员身边同学参加,活动结束后撰写心得体会或者实践报告。寒暑假期间可参加一项由地方组织的各类志愿服务社会实践活动,例如社区文明建设、支教、社会调研、知识宣讲等,活动结束后撰写心得体会或者实践报告。

任务目标

【素质目标】

1.感受志愿服务精神,并注重提高自身修养,为参与志愿服务做好准备。

2.明白志愿服务的意义并能在日常生活中积极投身到志愿服务活动之中。

【知识目标】

1.了解志愿服务的基本内涵和特征。

2.熟悉新时代大学生志愿服务的类型和主要内容。

3.掌握新时代大学生志愿服务的技能。

【能力目标】

1.通过参加志愿服务活动提升与人沟通的能力及组织能力。

2.提升专业技能和志愿服务的相关技能。

一、志愿服务基础知识

(一)大学生志愿服务内涵

志愿服务是指不以营利为目的,经志愿服务组织安排,由志愿者实施的自愿帮助他人和服务社会的公益行为。志愿服务组织是指依法登记,从事志愿服务的非营利性社会组织。志愿者是指在志愿服务组织登记,不以获得报酬为目的,以自身知识、技能、体能等,自愿帮助他人和服务社会的个人。随着志愿服务的不断深入发展,大学生志愿者为志愿者群体注入了新的血液,成了志愿者组织的重要组成部分。大学生志愿服务主要指高校中的在校大学生能够自觉自愿参加学校志愿组织或社会志愿组织,用自己所掌握的专业知识与技能,以帮助和服务为目的,为推动人类社会的进步而开展的各种活动。图1所示为中国青年志愿者标志。

图1 中国青年志愿者标志

(二)新时代大学生志愿服务

1.大学生志愿服务的特征

(1)自愿性。志愿服务,就是志愿者的行为是自己想做的,而不是别人要求或强迫的。所以,大学生志愿服务活动最重要的原则就是自愿性。之所以志愿服务活动效果比较显著,也是因为它坚持自愿性的原则,它是发自志愿者内心的,并且拥有自由的选择权和受到充分的尊重。

(2)无偿性。志愿者及相关组织在社会中进行志愿服务时将营利和追求物质回报的想法排除在外,这便体现出志愿服务的无偿性特点。这一特点使得志愿服务的利他性质得以最大限度地发挥。志愿服务的无偿性成为区分追逐效益最大化和利润最大化的社会行为的主要特征。

(3)组织性。志愿服务的组织性有利于针对大学生的志愿服务情况进行分类管理,制订相应的培训计划和服务方案,形成专业的服务团队,从而保障大学生志愿服务活动有序、高效开展。

2.大学生志愿服务的工作对象和主要内容

(1)乡村振兴。动员和组织青年以志愿服务的方式到农村贫困地区开展服务,主要服务内容是基础教育、医疗卫生、农业科技推广、乡镇企业发展等方面。

(2)社区建设。中国的志愿服务是从社区发展起来的,同时社区建设也是当代大学生参与人数最多的志愿服务领域。如大学生志愿者"四进社区"活动,大学生利用周末课余时间,以志愿方式为社区提供科教、文体、法律、卫生服务。

(3) 环境保护。保护环境是一项必须长期坚持的基本国策。共青团中央联合国家环保总局调动社会资源,集中组织、动员青年开展各类环保志愿服务,这些青年志愿者不乏大量的大学生志愿者,他们开展了以植树造林、清除垃圾、整治水污染为主的环保志愿服务。

(4) 大型活动的志愿服务。改革开放以来,中国在发展经济、繁荣社会的同时,也积极参与重大国际活动,承担大国的社会责任。在这些重大国际活动中除了参加人员,更多的就是大学生志愿者的身影,他们代表中国新生代出现在各种场合,为国际、国内、省际的赛事和会议等活动提供服务。

(5) 救援服务。中国志愿事业在长期的发展历程中,积累了一定的日常服务和应急经验,为救援服务打下了良好的基础。在应急救援服务中,大学生志愿者发挥了重要的作用。例如,在汶川地震灾区的大学生志愿服务是迄今为止参与人数最多的志愿服务行动。

(6) 海外服务。根据共青团中央工作部署,从2002年开始向老挝选派5名青年志愿者,实施海外服务计划。

3. 大学生志愿服务途径

大学生志愿服务的主要途径包括学校统一组织、社会团体组织、学生自发组织、学生会社团等。专项途径有大学生志愿服务西部计划(http://xibu.youth.cn/)等。大学生志愿服务西部计划从2003年开始实施,按照公开招募、自愿报名、组织选拔、集中派遣的方式,每年招募一定数量的普通高等学校应届毕业生或在读研究生,到西部基层开展为期1~3年的教育、卫生、农技、扶贫等志愿服务。

(三) 大学生志愿服务的个人发展目标

1. 满足大学生发展需要

志愿服务是大学生素质提升的有效方式,还可以满足学生在社交、尊重和自我实现等方面的需要。大学生在参加志愿服务过程中与不同社会阶层和群体的人接触,可以扩大大学生的社交圈。志愿者在服务他人的过程中不断树立起自身的良好形象,赢得别人尊重,同时也彰显自己的价值。

2. 提高大学生综合素质

将大学生志愿活动内容与大学生所学专业知识密切联系起来,让学生能够走出课堂、学以致用,以此促进大学生成长进步的效果十分显著。大学生通过志愿服务活动可以培养自己的社会责任感和奉献精神,学习新的知识和技能,全面提高综合能力和综合素质,成为德智体美劳全面发展的"四有"新人。

3. 丰富思想政治教育载体

志愿服务是一种强调自愿性的活动,它突出了大学生的自主性,符合当代大学生的成长需要。大学生志愿服务作为高校思想政治教育的有效载体,是一种寓教育于实践的有效形式,它扩大了思想政治教育的覆盖面,有效提高了大学生思想政治教育的实效性、针对性和主动性。

二、志愿服务技能

(一)沟通能力

沟通,是大学生走向社会的第一步。良好的沟通能力,是顺利完成志愿服务的第一步。通过培训和锻炼,提升沟通能力,学会聆听他人意见,准确地表达自己的意图;大学生志愿者与其他志愿者沟通得好,可以促进团队合作,提高志愿服务的质量。

(二)组织应变能力

志愿服务活动一般由志愿服务组织或者个人发起,即志愿者本身也是组织者。良好的组织能力便于志愿服务活动有序开展,提升志愿服务效果,同时志愿服务对象大多是基层群体,存在复杂多变的情况,因而要求志愿者具备一定的组织应变能力,能及时处理突发情况。

(三)团队协作能力

志愿服务是一个团体行为,一般以某一个群体组织为单位,团队协作能力就是必不可少的技能之一,志愿者在参与志愿服务活动时要服从组织安排,履行岗位职责,配合好其他志愿者的工作。

(四)专业技能

专业的志愿服务技能属于志愿服务发展的个性要求。即以专业为依托,分门别类地培养志愿者的专业技能,例如医疗诊治技能、心理咨询问诊、电器维修等。志愿者拥有了专业的志愿服务技能,就可以灵活自如地做好志愿服务活动中需要相关技能的服务,解决志愿服务技能受限的问题,进而满足志愿服务全面发展的需求。

>> 任务拓展

请扫二维码观看"对可爱的志愿者们说声谢谢"。

对可爱的志愿者们
说声谢谢

任务 2.2　会议接待标准与流程

导读导学

会议接待是经常性的公务活动。接待工作是学校展现办学实力的窗口,是学校展现办学特色的平台,同时也是校园文化的名片。参加会议接待活动,可以全面提高学生的综合素质和能力。

任务导入

任务描述:不负韶华,未来可期。学校计划邀请优秀校友返回母校开展座谈活动,活动由你所在的院系承办。经过讨论决定由你所在的工作小组来负责会议接待,具体包括接待方案设计、会议现场布置及现场接待工作。

任务目标

【素质目标】

1. 强化全局观念。

2. 提升参与劳动的主动性。

【知识目标】

1. 了解高校会议接待工作的基本内容。

2. 掌握高校会议接待工作的基本原则。

3. 掌握高校会议会场准备的工作流程。

【能力目标】

1. 能够根据接待方案要求布置会议现场。

2. 具备拟订会议接待方案的能力。

一、高校会议接待工作基本内容

高校的会议接待工作主要面向各大高校、上级部门和校内的学生组织等，主要负责开展考察、学术交流以及文体活动等。高校会议接待服务的基本内容可以根据活动性质大致分为党政、学术、文体三大类。会议内容虽然有所不同，但各项活动所进行的会议接待服务都离不开会议场地的预定、住宿餐饮的安排、设备设施的提供以及具体的会务工作，要根据会议的要求，对会场环境、氛围布置、音响灯光、服务礼仪等方面做具体安排。

二、基本原则

（一）严守纪律，按章办事

2013年12月，中共中央发布了《党政机关国内公务接待管理规定》，其内容包括了对公务接待等相关事物的明确规定。因此高校接待工作需要根据相关规定进行，如在住宿、出行、用餐等方面严格执行标准，合理安排，确保在相关法规允许的范围内进行，厉行节俭，反对铺张浪费。

勤俭节约是中华民族的传统美德。勤俭也是高校展现人文涵养和办学态度的一个重要方面。从原则上来讲，简约大方是最好的待客之道。

（二）热情待客，仪态端庄

在会议接待的过程中，接待人员需要衣着端庄、热情大方，让人产生亲切感，注重接待礼仪，打造礼仪校园。

（三）把握交流尺度，尊重来宾

把握交流的尺度，建立良好的交流氛围，要尊重被接待方的风俗和习惯。

（四）展现高校特色，提高接待效率

在会议接待的整个过程中要体现学校的独特性，展现学校在多个方面取得的成果。如人才的培育及输出、社会的价值与影响、学校间的学术和管理成果等。将学校的办学理念和当地特色相交融，将接待礼仪和高校特色相交融，提高接待效率，摒除其他不必要的浪费，给来宾留下良好的印象。

三、会议的准备工作

(一)会务准备

(1) 与会议组织部门提前沟通,记录会议性质、时间、地点、参加人数,掌握参会各部门的座位安排。

(2) 根据会议组织部门给定的信息确定合适的布置方案。

(3) 在正式会议前需再次核对参会来宾的名单,排好坐席以及人员名牌,人员名牌卡纸一般用红色(或根据会议性质更改相应颜色),来宾姓名用大号字居中打印后放置在透明席卡中,摆放在参会来宾的右前方,并在主席台位置提前摆放会议资料袋。根据主席台座次安排所要求的中心排座法则,进行会议主席台座次安排,即以主要领导为中心,根据参会领导人数,进行坐席安排。当领导人数为奇数时,主要领导居中,2号领导在1号领导的左手位置,3号领导在1号领导的右手位置(见图2);当领导人数为偶数时,1、2号领导同时居中,2号领导依然在1号领导左手位置,3号领导依然在1号领导的右手位置(见图3)。

图 2　主席台座次安排(领导人数为奇数时)

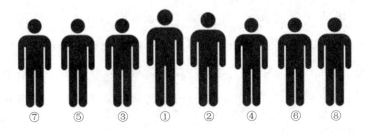

图 3　主席台座次安排(领导人数为偶数时)

(4) 会议议程需用事先设计的模板制作印刷后发给参会人员,以便其了解会议的议程。印刷品的尺寸为A4页面对折或三折,主要内容为参会人员姓名、单位、职务、发言次序、行程安排、主办方联络人电话等。

(二) 会场环境

(1) 会场应选择合适的场所,参与人数较多的学术会议,常安排在一些比较大的场所,如礼堂、体育馆等。对会场的布置要因地制宜,以人为本,按照领导席的人数,主持人、演讲人的数量准备好话筒设备,设备接插好以后,需进行通电、试音测试,保证话筒和音响正常,同时需准备备用设备,以防突发情况。

(2) 提前做好会场内外的背景墙、欢迎牌、指路牌、海报等。学术会场内的背景多以沉稳色调为主并结合学术会议主题辅以相应的图案衬托设计。海报制作应尽量明显简洁、色彩活跃,应概略介绍主讲人的身份简历、所讲题目,时间、地点要明确详细。

(3) 学术会议常使用多媒体设备,事先应调试投影仪、笔记本等设备。由于主讲者自备的笔记本电脑型号不一,经常会出现笔记本与投影仪不同步的情况,提前预设好主要故障与解决方法。投影内容、会议背景架等需要逐一提前调试和准备。

(4) 提前准备好会标横幅,要求能准确地突显会议主题和渲染现场气氛。

(5) 会场内有很多因素会对环境产生影响,如温度、灯光等,因此在会场环境准备时,要按照现实情况进行调整,让参会人员处于一个舒适的会场环境中。

四、会议现场服务

高校承办的会议形式多种多样,需要根据会议类型做好相应的会务工作。举办频率比较多的活动是学术会议、讲座等,这类活动常安排在报告厅、演讲厅、阶梯教室等场所,要做好会场隔声、遮光服务。其中:学术会议有时会涉及知识产权等保密事项,服务人员需要回避,接待人员需要提前备好茶水及用餐券等,供参会人员自行取用;学术讲座一般是公开性的,接待人员可以利用茶歇时间添续茶水,体现热情周到的服务。学生自发组织的文体活动需重点考虑安全问题,与学校保卫、医疗部门做好沟通,安排专人负责,防止发生突发事件。

任务拓展

某高校的一次学生会全体会议上,指导老师提出:"以前咱们每次开会,学生会干部都坐在台下,这次能不能想办法都上主席台就座?"听到老师这么说,负责组织安排的学生会干部感到很为难。他们对这个会场非常了解,以往开会,学生会干部之所以没有都上主席台就座,是因为主席台较小,一般安排四排,每排20个座位。校学生会干部共有20多人,加上各院系的学生会代表,一共100多人,显然坐不下。

学生会主席提议再加一排座位,每排的座位数也适量增加。有的同学听后马上说:"如果有可能,早就增加了。"学生会主席说:"别急,咱们去会场实地量一量再说。"于是,他们一起到主席台上,拉尺子开始测量。果然,会议桌整体前移一米,后边是可以增加一排座位的,每排的座位数可增至25个。这样,主席台上的座位前后一共五排,每排25个,所有的学生会干部正好坐下。

这个故事说明,解决问题不能墨守成规,要有求证精神。

任务 2.3　急救护理的要点与流程

2.3.1　急救一般护理常规

随着我国人民群众生活水平的不断提高,人们的生命健康意识也越来越强烈,但多数人缺乏对疾病、意外伤害等紧急情况的处理常识。了解急救护理的要求和流程,普及卫生救护知识,增强对救护知识的理解和应用,可以提高人员在遭遇疾病或意外伤害时的自救和互救能力。

任务导入

校园急救知识宣讲。联合校医院或当地红十字会,以小组为单位成立校园急救知识宣讲团,利用课余时间在校园内全面普及和强化急救知识和技能,开展形式多样的宣传活动,课上与同学分享小组宣讲情况。

任务目标

【素质目标】

关爱患者,具有高度责任心和服务精神。

【知识目标】

了解常见的急诊疾病或意外伤害的危险程度和救治方法。

【能力目标】

具备基本的卫生救护知识及技能。

实施要点

1. 病情预判

（1）看：患者的精神、神态、步态、表情、皮肤与面色。

（2）问：病因诱因，主要病史，主要症状和伴随症状（如患者有无疼痛、疼痛部位、持续时间、性质和程度等）。

（3）查：查体温、脉搏、呼吸、瞳孔和必要的初步体格检查。

（4）送医：及时送医，协助患者到附近医院急诊科就诊。

2. 路遇摔倒或晕倒者的急救措施

（1）拨打120急救电话。

（2）大声呼唤，判断意识是否清晰。

（3）有外伤出血的，立即止血，用干净的纱布、毛巾加压包扎。

（4）有呕吐的，将头偏向一侧，并清理口、鼻腔呕吐物，避免窒息。

（5）有抽搐的，不要强行用力按压患者，防止因外力作用而骨折；同时将头偏向一侧，保持呼吸道通畅；在牙间垫物（如毛巾或压舌板），防止咬伤舌头。

（6）如果呼吸、心跳停止，应立即进行胸外心脏按压、口对口人工呼吸等急救措施。

（7）如果需搬动伤者，应保证平稳，伤者应尽量平卧。

任务拓展

请扫二维码学习30个生活中的急救常识。

30个生活中的
急救常识

2.3.2 气道异物梗阻的急救方法

气道异物梗阻是需要紧急处理的急危重症,会出现明显的呼吸困难,严重时还可能造成窒息性死亡。发生气道异物梗阻时有效的抢救方法是海姆立克急救法,是用于挽救因气道异物导致窒息的有效手段。

任务导入

"海姆立克急救法"培训活动。联合校医院医生,以小组为单位对学校师生普及海姆立克急救法的相关知识,讲解异物吸入导致窒息时的表现、协助他人及自救的方法,并现场演示海姆立克急救法操作要点。课上与同学分享小组的培训活动情况。

任务目标

【素质目标】

弘扬"生命至上,安全第一"的健康理念。

【知识目标】

能识别气道异物梗阻。

【能力目标】

掌握成人海姆立克急救法,能对急性呼吸衰竭患者进行急救护理。

实施要点

1. 气道异物梗阻的病情识别

(1)特殊表现:因异物吸入气管时,患者感到极度不适,手常不由自主呈"V"字状紧贴于颈前喉部,表情痛苦。

（2）气道不完全阻塞表现：①咳嗽。剧烈呛咳、喘气或咳嗽微弱无力。②呼吸困难。患者张口呼吸,憋气。③发绀。皮肤、甲床和口腔黏膜、面部青紫。

（3）气道完全阻塞表现：患者面色灰暗青紫,不能说话、不能咳嗽、不能呼吸,甚至晕厥、窒息死亡。

2.气道异物梗阻的海姆立克急救法

海姆立克急救法主要用于气道异物阻塞的现场急救,该急救措施挽救了无数生命。它的原理是增加腹部和胸部的压力,从而将进入气道的物体挤出。

成人海姆立克急救法操作步骤,如图 4 所示。

（1）施救者站在窒息者身后,将窒息者双腿分开形成一个三脚架形。

（2）从背后环抱窒息者,手放在他的腹部（剑突下、肚脐上 2 cm 左右位置）。

（3）双手握拳,快速冲击、向内向上压迫窒息者的腹部。

（4）如此反复,直至异物排出。

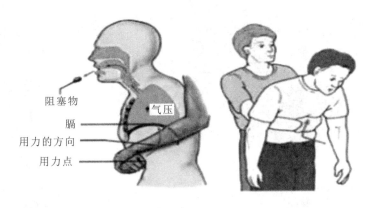

图 4　海姆立克急救法

3.急性呼吸衰竭的急救护理措施

（1）一般护理：让病人取坐位或半坐卧位,给予营养饮食,做好口腔、皮肤及心理护理。

（2）遵医嘱正确实施氧疗,观察氧疗效果,必要时给予机械通气。

（3）建立静脉通道,注意观察药物的疗效和不良反应。

（4）保持呼吸道通畅,协助病人翻身叩背,必要时给予吸痰。

（5）发现病情变化，及时告知医生并配合抢救。

任务拓展

请扫二维码了解海姆立克急救法。

海姆立克急救法

2.3.3 中暑的护理常规

>> 导读导学

中暑是指人体在高温环境下,由于水和电解质丢失过多、散热功能障碍,引起的以中枢神经系统和心血管功能障碍为主要表现的热损伤性疾病。临床上依照症状轻重分为先兆中暑、轻症中暑和重症中暑。它是一种威胁生命的急症,可导致死亡、永久性脑损害或肾衰竭。

>> 任务导入

防中暑安全教育主题班会。请同学们利用晚自习时间开展防中暑安全教育主题班会,分组汇报查阅的资料,阐述中暑的先兆症状及重症表现,与同学分享中暑的预防及救护措施。

>> 任务目标

【素质目标】

提高师生的安全意识和协作精神。

【知识目标】

熟悉中暑的病情表现。

【能力目标】

能对中暑患者进行急救护理。

>> 实施要点

1. 中暑的病情观察

(1)病史询问:询问中暑的原因、持续时间及开始施救的时间。

(2)密切观察意识水平及一般情况:严密观察意识、生命体征、肌张力、尿量变化。

(3)中暑的程度判断。

① 先兆中暑:体温正常或偏高(≤37.5℃),出现头晕、眼花、胸闷、心悸、注意力不集中。

② 轻症中暑:体温≥38℃,面色潮红或苍白、皮肤湿冷、脉细弱、血压下降、心率加快。

③ 重症中暑。

a.热痉挛:大量出汗、肢体痉挛、腹肌甚至骨骼肌阵挛和疼痛。

b.热衰竭:患者持续不适应高温、头晕、头痛,甚至出现高温衰竭症状,伴有意识障碍。

c.热射病:体温过度升高,早期有大汗,进而可能出现呼吸困难、脉搏短促,严重者可出现脑水肿、肺水肿、心力衰竭等症状,甚至死亡。

2.中暑的急救护理措施

(1)即刻护理措施:迅速撤离高温环境,保持呼吸道通畅;血压低、虚脱时应取平卧位。

(2)保持有效降温:先兆及轻症中暑者应口服清凉的含盐饮料,视病情补液治疗;降温过程应注意血压、心率变化,监测肛温变化,如降至38℃左右,应暂停降温。

(3)密切观察病情变化。

① 严密观察生命体征、神志、皮肤颜色、温度、湿度、尿量变化。

② 密切监测水电解质失衡、急性肾衰竭、脑水肿、惊厥、感染等并发症。

(4)重度中暑病人,需持续给氧,维持呼吸道通畅,开通静脉通道。

(5)对症护理:出现肌肉痉挛者遵医嘱缓慢静脉推注葡萄糖酸钙;可用冰袋/冷毛巾湿敷中暑患者的额头;遵医嘱补充糖、氨基酸、电解质等;中暑患者多烦躁不安,应加强心理护理。

> **任务拓展**

请扫二维码学习中暑急救小知识。

中暑急救小知识

2.3.4 休克的护理常规

导读导学

休克是指有效循环血量不足,组织血流灌注广泛、持续、显著减少,导致组织器官缺血、缺氧的一组临床综合征。临床上常见的休克类型有感染性休克、过敏性休克、心源性休克、神经源性休克、创伤性休克、失血性休克等。

CPR,即心肺复苏术,是抢救呼吸、心搏骤停者生命的最基础、最重要的医学方法。通过 CPR,有可能帮助患者恢复自主呼吸和自主循环。

AED(自动体外除颤器),是一种便携式的医疗设备,它可以诊断特定的心律失常并给予电击除颤,是可被非专业人员使用的用于抢救心脏骤停患者的医疗设备。

在心脏骤停时,在最佳抢救时间的"黄金 4 分钟"内,利用 AED 对患者进行除颤和心肺复苏,是最有效防止猝死的办法。

任务导入

CPR+AED 急救培训。请同学们以小组为单位在学校的 AED 配置点进行急救宣教,介绍心脏骤停的急救意义、CPR+AED 抢救流程,并模拟情境现场演练,增强师生的急救意识和急救能力,进一步完善校园应急体系建设。

任务目标

【素质目标】

弘扬敬佑生命、救死扶伤的奉献精神。

【知识目标】

掌握心肺复苏术急救技术。

【能力目标】

能对休克病情有初步判断;能对休克患者进行基本的急救护理。

实施要点

1. 休克的病情观察

(1)严密观察患者的意识状态及生命体征变化。

(2)观察皮肤情况。

(3)监测中心静脉压和尿量等。

(4)了解检查化验结果。

(5)动态评价治疗与护理的效果,为进一步处理提供依据。

2. 急救护理措施

休克的处理原则:尽早消除引起休克的原因,尽快恢复有效循环血量,纠正微循环障碍,增进心脏功能和恢复人体正常代谢。

(1)监测生命体征:密切监测并记录患者的意识状态、生命体征,观察病情变化。

(2)记录出入量:记录患者的静脉输入的液体量、饮食量、尿量等数值。

(3)改善组织灌注:对于休克患者体位,建议头和躯干抬高20°～30°,下肢抬高15°～20°,用来增加回心血量;建立静脉通道,遵医嘱可应用肾上腺素等血管活性药物。

(4)保持呼吸道通畅:吸氧,并根据病情及血气结果调整吸氧浓度,必要时机械通气。

(5)调节体温:休克患者体温一般会降低,室内温度建议调节为20℃左右。当患者因感染性休克发热时,要进行物理降温,必要时可遵医嘱采用药物降温。

(6)迅速去除病因,预防并发症,如肺部并发症、泌尿系并发症、压疮等。

(7)动态评价治疗与护理的效果,为进一步处理提供依据。

3. CPR+AED急救流程(见图5)

(1)判断患者意识、呼吸和心跳;

(2)大声呼救,拨打120;

(3)胸外按压,按压部位在胸骨中下段(两乳头连线中点),按压频率为100～120

次/分;

(4) 清理口腔异物,压头抬颏,开放气道;

(5) 口对口人工呼吸,每胸外按压 30 次吹气 2 次;

(6) 重新评估,快速拿取 AED 并使用(一开二贴三插四电)。

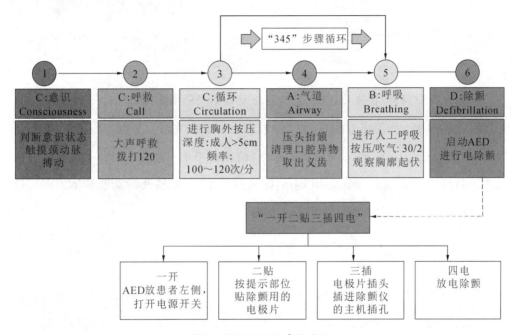

图 5　CPR＋AED 急救流程

>> 任务拓展

请扫二维码学习常用急救知识。

常用急救知识

任务 2.4　消防灭火的常识与流程

导读导学

社会在发展,科学在进步,但人们的消防安全意识仍很淡薄,对火灾的麻痹和侥幸心理还普遍存在。而消防事故的发生,一般都会带来重大的人身财产损失,如果不及时消除,就会造成人员的伤亡和家庭的悲剧,给社会带来不利的影响。了解消防灭火的要求和流程,可以普及消防知识,当消防事故发生时,能够及时采取具体的可行措施,进行营救或自救,最大程度上保护人身财产的安全。

任务导入

2008 年 11 月 14 日早晨 6 时 10 分左右,上海商学院徐汇校区女生宿舍楼 602 寝室着火,4 名女生被大火围困,情急之下先后从 6 楼跳下,当场身亡。这起惨烈的校园火灾事故原因为在寝室里使用"热得快"引发了电器故障,并引燃了周围的可燃物。

请以宿舍为单位,利用课余时间,对学生的宿舍用电情况进行调查,是否存在使用"热得快"等大功率电器的情况,当你发现有人在宿舍使用大功率电器时你应如何处理,你认为宿舍可以使用大功率电器吗?课上与同学分享你的心得体会。

任务目标

【素质目标】

树立防火安全意识。

【知识目标】

1. 了解一般火灾的灭火原理和方法。
2. 了解火灾种类及灭火常识。

3. 了解灭火器的种类。

【能力目标】

掌握灭火器适用的火灾类型及操作规程。

实施要点

一、一般火灾的灭火原理

按照燃烧原理,一切灭火方法的原理是将灭火剂直接喷射到燃烧的物体上,或者将灭火剂喷洒在火源附近的物质上,使其不因火焰的热辐射作用而形成新的火点。

二、一般火灾灭火方法

（一）冷却灭火法

将灭火剂直接喷射到燃烧的物体上,以物体的温度降至燃点之下,使燃烧停止。或者将灭火剂喷洒在火源附近的物体上,使其不因火焰热辐射作用而形成新的火点。冷却灭火法是灭火的一种主要方法,常用水和二氧化碳作灭火剂冷却降温灭火。灭火剂在灭火过程中不参与燃烧过程中的化学反应。这种方法属于物理灭火方法。

（二）隔离灭火法

隔离灭火法是将正在燃烧的物质和周围未燃烧的可燃物质隔离或移开,中断可燃物质的供给,使燃烧因缺少可燃物而停止。具体方法有：

（1）把火源附近的可燃、易燃、易爆和助燃物品搬走；

（2）关闭可燃气体、液体管道的阀门,以减少和阻止可燃物质进入燃烧区；

（3）设法阻拦流散的易燃、可燃液体；

（4）拆除与火源相毗连的易燃建筑物,形成防止火势蔓延的空间地带。

（三）窒息灭火法

窒息灭火法是阻止空气流入燃烧区或用不燃物质冲淡空气,使燃烧物得不到足够的氧气而熄灭的灭火方法。具体方法有：

（1）用沙土、水泥、湿麻袋、湿棉被等不燃或难燃物质覆盖燃烧物；

(2)喷洒雾状水、干粉、泡沫等灭火剂覆盖燃烧物；

(3)用水蒸气或氮气、二氧化碳等惰性气体灌注发生火灾的容器、设备；

(4)密闭起火建筑、设备和孔洞；

(5)把不燃的气体或不燃液体(如二氧化碳、氮气、四氯化碳等)喷洒到燃烧物区域内或燃烧物上。

三、火灾种类及灭火常识

火灾按照燃烧的对象可以分为以下五类。

A类火灾：普通固体可燃物燃烧引起的火灾。固体火灾应先用水、泡沫、磷酸胺盐干粉、卤代烷灭火器进行扑救。

B类火灾：油脂及一切可燃液体燃烧引起的火灾。液体火灾应先用干粉、泡沫、卤代烷、二氧化碳灭火器进行扑救。

C类火灾：可燃气体燃烧引起的火灾。气体火灾应先用干粉、卤代烷、二氧化碳灭火器进行扑救。

D类火灾：可燃金属燃烧引起的火灾。金属火灾可选择粉状石墨灭火器、专用干粉灭火器进行扑救，也可用干砂或铸铁屑末代替。

E类火灾：带电物体火灾应先用卤代烷、二氧化碳、干粉灭火器进行扑救。

四、灭火器的种类

灭火器一般由筒体、筒盖、药剂胆、把柄、喷嘴等组成。灭火器型号应以汉语拼音大写字母和阿拉伯数字标于筒体，如"MF2"等。其中第一个字母M代表灭火器，第二个字母代表灭火剂类型(F是干粉灭火剂、FL是磷铵干粉灭火剂、T是二氧化碳灭火剂、Y是卤代烷灭火剂、P是泡沫灭火剂、QP是轻水泡沫灭火剂、SQ是清水灭火剂)，后面的阿拉伯数字代表灭火剂重量或容积，一般单位为千克或升。

灭火器可按如下方式分类。

(1)按其移动方式可分为：手提式和推车式灭火器；

(2)按驱动灭火剂的动力来源可分为：储气瓶式、储压式、化学反应式灭火器；

(3) 按所充装的灭火剂可分为：泡沫、干粉、卤代烷、二氧化碳、酸碱、清水等灭火器。

灭火剂是通过各种灭火设备和器材来施放和喷射的。扑救火灾时，无论采用哪一种灭火剂，往往不是一种灭火方法起作用，而是几种灭火方法同时起作用，其中有一种灭火方法起着主要的作用。

为了有效地扑救火灾，应根据燃烧物质的性质和火势发展情况，采用适合的足量的灭火剂。选择灭火剂的基本要求是灭火性能高、使用方便、来源丰富、成本低廉，对人体和物体基本无害等。

五、灭火器适用火灾及操作规程

(一)二氧化碳灭火器适用范围及操作规程

二氧化碳灭火器适用于扑救图书档案、珍贵设备、精密仪器、少量油类和其他一般物质的初起火灾。

1. 灭火器使用前

检查灭火器各部件是否正常、安全销是否规范、胶管(钢管)有无破损、瓶体是否腐蚀等，如存在问题严禁使用。

2. 灭火器使用中

灭火时将灭火器提到或扛到火场，站在上风口距燃烧物3~5米，放下灭火器拔出保险销，一只手握住喇叭筒根部的手柄，另一只手紧握启闭阀的压把。对没有喷射软管的二氧化碳灭火器，应把喇叭筒往上扳70°~90°。

使用二氧化碳灭火器时，不能直接用手抓住喇叭筒外壁或金属连线管，防止手被冻伤，在潮湿环境下对电气设备设施灭火时必须先断电后灭火，严禁不断电对高压设备灭火。

灭火时，当可燃液体呈流淌状燃烧时，使用者将二氧化碳灭火剂的喷流由近而远向火焰喷射。如果可燃液体在容器内燃烧时，使用者应将喇叭筒提起。从容器的一侧上部向燃烧的容器中喷射，但不能将二氧化碳射流直接冲击可燃液面，以防止将可燃液体冲出容器而扩大火势，造成灭火困难。

推车式二氧化碳灭火器一般由两人操作,使用时两人一起将灭火器推或拉到离燃烧物 10 m 左右停下,一人快速取下喇叭筒并展开喷射软管后,握住喇叭筒根部的手柄,另一人快速按逆时针方向旋动手轮,并开到最大位置。

推车式灭火器的使用方法见图 6,使用这种灭火器时应特别注意防冻、防窒息。

图 6　推车式灭火器使用方法

在室外使用二氧化碳灭火器时,应选择在上风方向喷射;在室内窄小空间使用二氧化碳灭火器时,灭火后操作者应迅速离开,以防窒息。

3.灭火器使用完毕后

灭火器使用完毕后,应将空瓶进行回收,送回统一存放仓库,严禁现场长时间存放,以免影响重新灌装、维修。

对于使用完的灭火器应做好保管工作,及时联系采购、灌装、维修。

(二)干粉灭火器适用范围及操作规程

碳酸氢钠干粉灭火器适用于易燃、可燃液体、气体及带电设备的初起火灾,磷酸铵盐干粉灭火器除可用于上述初起火灾外,还可扑救固体类物质的初起火灾,但这两种干粉灭火器都不能扑救金属燃烧引起的火灾。

1.灭火器使用前

检查灭火器压力是否正常(压力表指针位于红色区域表示压力不足,指针位于黄色区域表示压力超高,指针位于绿色区域表示压力正常)、安全销是否规范、胶管有无破损、瓶体是否腐蚀等,如存在问题严禁使用。

2.灭火器使用中

将灭火器快速运送至火场,站在上风口距燃烧处 3～5 米,迅速将灭火器翻转摇动数次,以松动干粉。先将开启把上的保险销拔下,然后握住喷射软管前端的喷嘴部,另一只手将开启压把压下,打开灭火器进行灭火。

灭火器在使用时,一手应始终压下压把,不能放开,否则会中断喷射。

干粉灭火器扑救可燃、易燃液体火灾时,应对准火焰根部扫射,如果被扑救的液体火灾呈流淌燃烧时,应对准火焰根部由近而远,并左右扫射,直至把火焰全部扑灭。

如果可燃液体在容器内燃烧,使用者应对准火焰根部左右晃动扫射,使喷射出的干粉流覆盖整个容器开口表面,当火焰被赶出容器时,使用者仍应继续喷射,直至将火焰全部扑灭。在扑救容器内可燃液体火灾时,应注意不能将喷嘴直接对准液面喷射,防止喷流的冲击力使可燃液体溅出而扩大火势,造成灭火困难。

如果可燃液体在金属容器中燃烧时间过长,容器的壁温已高于扑救可燃液体的自燃点,此时极易造成灭火后再复燃的现象,若与泡沫类灭火器联用,则灭火效果更佳。

使用磷酸铵盐干粉灭火器扑救固体可燃物火灾时,应对准燃烧最猛烈处喷射,并上下、左右扫射。如条件许可,使用者可提着灭火器沿着燃烧物的四周边走边喷,使干粉灭火剂均匀地喷在燃烧物的表面,直至将火焰全部扑灭。

使用干粉灭火器时,电气设备设施的灭火电压不准超过 380 V,潮湿环境下必须先断电后灭火,严禁不断电对高压设备灭火。

手提式干粉灭火器的使用方法见图 7。

3.灭火器使用完毕后

灭火器使用完毕后,应将空瓶进行回收,送回统一存放仓库,严禁现场长时间存放,以免影响重新灌装、维修。

对于使用完的灭火器应做好保管工作,及时联系采购、灌装、维修。

(三)泡沫灭火器适用范围及操作规程

泡沫灭火器适用于扑救一般 B 类火灾,如油制品、油脂等火灾,也可适用于 A 类

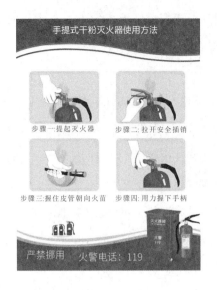

图 7　手提式干粉灭火器使用方法

火灾;但不能扑救 B 类火灾中的水溶性可燃、易燃液体火灾,如醇、酯、醚、酮等物质火灾;也不能扑救带电设备及 C 类和 D 类火灾。

1. 灭火器使用前

检查灭火器各部件是否正常、安全销是否规范、胶管(钢管)有无破损、瓶体是否腐蚀等,如存在问题严禁使用。

2. 灭火器使用中

灭火时可手提筒体上部的提环,迅速奔赴火场。这时应注意不得使灭火器过分倾斜,更不可横拿或颠倒,以免两种药剂混合而提前喷出。当距离着火点 10m 左右,即可将筒体颠倒过来,一只手紧握提环,另一只手扶住筒体的底圈,将射流对准燃烧物。

在扑救可燃液体火灾时,如火焰已呈流淌状燃烧,则将泡沫由远而近喷射,使泡沫完全覆盖在燃烧液面上;如火焰在容器内燃烧,应将泡沫射向容器的内壁使泡沫沿着内壁流淌,逐步覆盖着火液面。切忌直接对准液面喷射,以免由于射流的冲击,反而将燃烧的液体冲散或冲出容器,扩大燃烧范围。

在扑救固体物质火灾时,应将射流对准燃烧最猛烈处。灭火时随着有效喷射距离的缩短,使用者应逐渐向燃烧区靠近,并始终将泡沫喷在燃烧物上,直到扑灭。使用时,灭火器应始终保持倒置状态,否则会中断喷射。

手提式泡沫灭火器应存放于干燥、阴凉、通风并取用方便之处,不可存放于靠近高温或可能受到暴晒的地方,以防止碳酸分解而失效;冬期要采取防冻措施,以防止冻结;并应经常擦除灰尘、疏通喷嘴,使之保持通畅。

推车式泡沫灭火器的适用范围和使用方法与手提式泡沫灭火器的基本相同。使用推车式泡沫灭火器时,一般由两人操作,先将灭火器迅速推拉到火场,在距离着火点10m左右处停下,由一人施放喷射软管后,双手紧握喷枪并对准燃烧处;另一人则先逆时针方向转动手轮,将螺杆升到最高位置,将瓶盖开足然后将筒体向后倾倒,使拉杆触地,并将阀门手柄旋转90°,即可喷射泡沫进行灭火。如阀门装在喷枪处,则由负责操作喷枪者打开阀门。由于该种灭火器的喷射距离远,连续喷射时间长,因而可充分发挥其优势,用来扑救较大面积的储槽或油罐车等初起火灾。

3. 灭火器使用完毕后

灭火器使用完毕后,应将空瓶进行回收,送回统一存放仓库,严禁现场长时间存放,以免影响重新灌装、维修。

对于使用完的灭火器应做好保管工作,及时联系采购、灌装、维修。

>> **任务拓展**

请扫二维码学习正确使用灭火器的方法。

正确使用
灭火器的方法

(作者:湖北职业技术学院　王俊平　邓彬新　刘冠儒　王丹　蔡国松)

模块三　生产劳动

任务 3.1　绕线画的制作

劳动创造未来，奋斗成就梦想。正是劳动，成就了一个充满活力魅力的现代中国；也正是劳动，让我们今天无比接近中华民族伟大复兴的梦想。绕线画是编织、刺绣与绘画的结合，用线在钉子间缠绕，形成图形式画面形象，线性的美具有明显的工艺感，体现了工艺与绘画的结合，也是当代综合材料艺术的典型体现，是手工劳动与艺术创造结合的美术活动。绕线画制作考究，色调丰富细腻，绕线工艺制作适应大众，不受题材限制。绕线画是当代艺术，同时又是典型的大众化工艺美术，通过绕线画的制作可以面向大学生开展"以劳育美"活动，培养大学生的劳动兴趣，提高大学生审美素养。

任务导入

平时我们画画常用纸和笔，如果说用钉子和线组成一幅图画，会不会感觉挺新鲜？绕线画，又名钉子画、弦丝画，指的是一种由钉子和线牵拉而成的图画。做法是先在木板上根据图画大概的轮廓钉上钉子，然后用线在钉子之间交互缠绕，组成图画，有一种线性的美。绕线画的魅力在于线条排列的次序，不同的绕法和方向，可以产生不同的视觉效果,在层层堆叠之中缠绕出非凡的美感。在"手工劳动+工艺美术"活动中,五角星是很好的绕线画制作题材,将爱国主题寓于传统文化艺术中,寓教于乐、寓理于美是包括绕线画在内的艺术创作的最佳选择。

请以 3~5 人为一个小组,利用课余时间查找资料、确定方案,用绕线画编制五角星(见图 1),并与同学分享绕线画的制作方法,提升自身审美素养。

图 1　五角星绕线画

任务目标

【素质目标】

1.提升手工制作的工艺美感,以及色彩和光影的视觉美感。

2.劳技与美育结合,体会绕线画的艺术魅力,充分感受劳动带来的成就感。

3.通过创意制作,提高大学生审美素养。

【知识目标】

1.了解绕线画的常用制作方法。

2.知晓制作绕线画所需要的材料和注意事项。

【能力目标】

1.掌握绕线画的绕线制作方法。

2.能使用简单工具,完成平行、交叉、交错、放射、渐变等形式的缠绕。

3. 能开展绕线画创意手工,丰富生活、提高审美。

>> | 实施要点

一、任务准备

开展该项劳动前,请准备如下材料:PVC 板、红色纸或布、大头针、502 胶水、剪刀、中性笔、靠尺、锤子等。

二、任务实施

(1)将裁切好的 A4 大小 PVC 板(见图 2)裱上红色绢布。

图 2　PVC 板

(2)根据画面主色选取黄色缝衣线(见图 3)。

图 3　缝衣线

(3) 裁切条状 PVC 靠尺(见图 4),确保钉子的垂直和整齐。

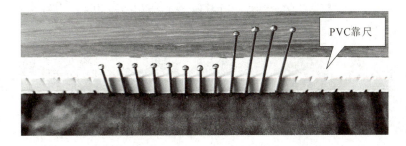

图 4　靠尺

(4) 用 A4 纸打印一个标准的五角星图形(见图 5),便于确定形状。

图 5　打印五角星

(5) 钉钉子之前摆放好线坨,以免中途缠绕,然后用合适的手法绕线制作。

>> 任务拓展

请扫二维码观看案例视频,分享五角星绕线画的制作方法。

五角星绕线画的制作

任务 3.2　杆秤的设计与制作

导读导学

杆秤是秤的一种,是利用杠杆原理来进行质量称量的简易衡器。相传,杆秤乃春秋战国时期辅助越王勾践灭吴的范蠡所创。此后两千余年时光中,杆秤一直作为我国商品流通的主要度量工具,它轻巧、经典,使用也极为便利。小小杆秤可以"四两拨千斤",上至千斤巨木,下到毫末药材,全都可以靠它衡定质量。

天地间有杆秤,人们不断给秤赋予文化内涵。它是公平公正的象征,天地良心的标尺,一桩桩交易就在秤砣与秤盘的此起彼伏间完成。杆秤以北斗七星、南斗六星和福禄寿三星共十六颗星作为标记,在秤杆上刻制十六颗星花,制作了十六两制秤杆,以此告诫世人一定要诚实守信,公平交易;否则,缺一两少福,缺二两少禄,缺三两少寿。

到了近代,由于科技发展,杆秤逐渐被更先进、方便的各种类型的电子秤所取代。但是,不管现代的秤在外形上如何变化,它们背后的科学原理,以及秤所代表的对于公平正义的追求,都镌刻在华夏儿女的骨子里。它映射出中国古代劳动人民的聪明才智、重直观和崇尚简洁实用的高度智慧。它也凝结了大量的精巧工艺技术,蕴藏着丰富的科学知识,至今仍然具有科学工艺、历史人文和社会学的研究价值。

任务导入

在了解杆秤组成、使用方法及工作原理的基础上,讨论制作杆秤的方案,确定设计方案并进行制作。在秤盘上依次放不同已知重量的砝码,调节秤砣位置,使秤杆平衡,标上刻度。在制作杆秤的过程中,体会"公平正义""做人如做秤"等人生准则。

任务目标

【素质目标】

1. 培养学生勤动手、勤动脑、乐探索、敢实践的劳动精神。

2. 培养学生辛勤劳动、诚实劳动的品德。

3. 培养学生追求公平正义的道德品质。

【知识目标】

1. 掌握杆秤中的杠杆原理。

2. 了解高精度杆秤的制作原理。

【能力目标】

1. 能发现问题、运用杠杆平衡条件解决问题。

2. 能制作一个高精度杆秤,并能用它测量未知物体的质量。

实施要点

一、任务准备

开展该项劳动前,请准备如下材料:一根笔直的长木棍、空塑料盒、钢珠、钩码、细绳、金属挂钩、中性笔、直尺、电钻、剪刀等。

二、任务实施

(1) 对照杆秤的结构,尝试利用身边的材料来制作杆秤,确定设计方案。经讨论,可用木棍(竹棍或一次性筷子)做秤杆,用装有钢珠的塑料盒做秤砣,用细绳做提绳、铁丝做秤钩。

(2) 准备相应的材料及需要的工具:一根长木棍,一个空塑料盒,足够质量的钢珠,细绳,金属挂钩,铁丝,其他工具(包括电子天平、电钻、直尺、剪刀等)。

(3) 制作秤砣。向一个空的塑料盒中加入一定量的钢珠,然后用电钻在塑料盒的盖子上钻孔,将挂绳连接上去,使塑料盒、钢珠及挂绳的总质量达到 500 g,制成一个

500 g 秤砣。

（4）制作杆秤的主体部分。在长木棍一端合适的位置钻两个孔，注意这两个孔需要位于同一平面。然后分别固定好挂钩，用来悬挂重物和连接提绳。这样，杆秤的主体就完成了。

（5）标记刻度。把秤砣悬挂在提绳和挂钩中间，调整位置直至整体平衡，此时秤砣所在的位置就是 0 刻度。另用标准重物确定其他刻度的位置。例如，可用 10 个 50 g 钩码（总质量 500 g）挂在秤钩上，调整秤砣位置使整体平衡，此时秤砣所在位置就是 500 g 刻度所在位置。根据杠杆原理分析可知，杆秤的刻度分布是均匀的，所以只需要测量出 0 刻度到 500 g 刻度之间的长度，把它翻倍，就能找到 1000 g 刻度的位置了。其他质量的刻度位置以此类推。

（6）测试。可把质量 400 g 的钩码悬挂在秤钩上，调整秤砣使杆秤平衡，发现秤砣正好在 400 g 刻度的位置，这说明此杆秤的测量准确无误。

注意事项：在木棍上钻孔的时候，为了使整架杆秤稳定性更高，需要将提绳的孔稍稍上移，挂钩的孔稍稍下移。

任务拓展

请扫二维码观看视频，思考杆秤制作的要点。对于称量不准确的杆秤，应如何校准？

杆秤的设计与制作

任务 3.3 古法蒸青制茶及冲泡

导读导学

中国的茶叶产量，堪称世界之最。中国是茶的故乡，有着悠久的中华茶文化，又有着严格的敬茶礼节，还有着独特的饮茶风俗。饮茶在中国，不仅是一种生活习惯，也是一种源远流长的文化传统。中国人习惯以茶待客，茶礼有缘，古已有之。"客来敬茶"这是中国重情好客的传统美德与礼节，茶艺已经成为中国文化的一个组成部分。宾客至家，总要沏上一杯香茗。喜庆活动，也喜用茶点招待。开个茶话会，既简便经济，又典雅庄重。正所谓"君子之交淡如水"，这里的水也指清香宜人的茶水。

任务导入

恩施玉露是湖北第一历史名茶，是我国为数不多沿袭唐代蒸青工艺的绿茶之一，2014 年恩施玉露制作技艺被列入第四批国家级非物质文化遗产代表性项目名录扩展项目名录。蒸、扇、抖、揉、铲、整六大核心技术，搂、端、搓、扎四大手法，造就了紧圆挺直，如松针的恩施玉露。

"蒸青"是指利用蒸汽的高温对鲜叶进行杀青，蒸青绿茶的故乡是中国，在唐宋时期比较盛行，比炒青绿茶历史更悠久。据"茶圣"陆羽《茶经》中记载，其制法为："晴，采之，蒸之，捣之，拍之，焙之，穿之，封之，茶之干矣。"即将采来的新鲜茶叶，蒸青、揉捻、干燥、碾压、造型而成。蒸青绿茶拥有汤绿、叶绿、叶底绿的三绿特质，滋味鲜爽甘醇，香气是带有海藻青味的绿豆香或板栗香。

目前，蒸青绿茶的代表茗茶即恩施玉露。

任务目标

【素质目标】

树立文化自信,认同与坚持中华传统优秀文化;培养对茶文化的热爱;体验茶文化带给人的轻松、愉悦与美的感受,获得精神上的滋养;提升民族自豪感、具有传承、弘扬中国传统文化的责任感与使命感;具有良好的礼仪素养与职业素养、扎根家乡的情怀。

【知识目标】

1. 了解恩施玉露的起源、产品特质及工艺特征。
2. 熟悉恩施玉露作为国家非遗的蒸青工艺。
3. 掌握绿茶玻璃杯冲泡知识技能。

【能力目标】

1. 能掌握制茶之匀薄摊放技能。
2. 能掌握制茶之蒸汽杀青技能。
3. 了解制茶之搂端搓扎技艺。
4. 熟练掌握冲泡及鉴茶技艺。

实施要点

一、任务准备

开展该项劳动前,请准备如下材料:焙炉台 2 台,蒸青架 1 个,晒席 6 个,茶鲜叶 1 批,玻璃杯 30 只。

二、任务实施

(一)了解制茶的"鲜叶摊放""蒸汽杀青""揉捻手法"等工艺要领

1. 鲜叶摊放

将鲜叶匀薄摊放在晒席上,对于一芽一叶摊放厚度为 3 厘米,对于叶子较大的,可适当摊厚一点,然后让空气自然流动,水分蒸发。经过 4 至 6 小时,就能够达到标准。

鲜叶摊放的要领是摊放匀薄(约 3 cm)。

2. 蒸汽杀青

蒸汽杀青的目的是要利用高温蒸汽破坏酶的活性,制止茶多酚氧化,同时散发青草气,发展茶叶的清香,同时也能促进蛋白质、儿茶素等物质的转化。蒸汽杀青时,将鲜叶匀薄撒在蒸青簸上,蒸汽才能够顺利通过叶尖穿透叶组织,破坏酶的活性。

蒸汽杀青的动作要领是一观茶色(转为暗绿色),二闻茶香(青草气消散),三摸叶面(光滑柔软,茎不脆断)。

3. 揉捻手法

用搂、端、搓、扎四大手法进行揉捻。揉捻的温度为 100 ℃ 至 110 ℃,单把揉、回转揉至芽叶完全形成紧结条索之后进行对揉。

揉捻的动作要领是对揉,在焙炉中轴线上把茶叶做成一个圆柱状,六个人,手相互交叉排列,你往我返,将茶柱左右推动进行揉捻,目的是进一步把茶条揉得更紧,达到玉露茶外形紧、圆、挺、直的基础,利用手掌根部和指尖把散落在外面的叶子收进来,揉捻 1200 次以上,抖散复揉。

(二)泡茶步骤

(1) 将三只玻璃杯倒置于茶盘上(可设计摆放区位),茶叶罐、水盂、茶巾、茶荷及水壶分别放置在合适位置。

(2) 备水:煮水,冲泡水温 85 ℃ 左右为宜。

(3) 布具:布置水壶、水盂、茶巾、茶盘、茶杯、杯托等。

(4) 赏茶:佳人展仙姿。取茶叶,邀请嘉宾鉴赏。

(5) 温杯:冰心去凡尘。温杯烫盏,动作要领为右手握杯基部,左手托住杯底,转动,让茶杯每个部分充分与热水接触,之后将水倒入水盂。

(6) 置茶:清宫迎佳人。将茶荷中的干茶,分别投入三个茶杯中,上投、中投、下投可根据不同茶类调整。

(7) 润茶:甘露润莲心。以回转手法,注入少量水,浸没茶叶,根据茶叶的紧结程度,停留 20~60 秒。

(8) 冲泡:凤凰三点头。高提水壶,让水直泻而下,利用手腕力量,上下提拉注水,反复三次,让茶叶在水中翻动。凤凰三点头像是对客人鞠躬行礼,是对客人表示敬意,同时也表达了对茶的敬意,能完美呈现茶叶沉浮之美。

(9)奉茶:双手将泡好的茶,依次递给客人,请客人用茶。

(10)品茶:端起茶杯,先闻其香,再观其色,小口啜饮,后看叶底。

(11)谢茶:淡中品致味,行桌礼。

任务拓展

请扫二维码观看案例视频,并分享泡茶方法。

紫砂壶冲泡技艺
(铁观音)

冲泡白茶

任务 3.4 3D 打印的技术与步骤

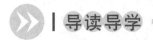

导读导学

《国家增材制造产业发展推进计划(2015—2016 年)》将 3D 打印产业的发展提升到国家战略层面,3D 打印成为加快实现智能制造的重要技术手段。《国务院关于大力推进大众创业万众创新若干政策措施的意见》(国发〔2015〕32 号),其中的第八大领域"建设创业创新平台,增强支撑作用"涉及 3D 打印。该技术可使社会大众的创意和想法快速转化为产品,让我们一起来探究吧。

任务导入

随着 3D 打印技术的发展,3D 打印已深入社会生产生活的多个领域,特别是 FDM(熔融沉积成型)技术,价格便宜,使用较简便。FDM 3D 打印也开始走向家庭。过去设计多数受制于落后的制造手段,导致设计者瞻前顾后,思维受到过多的束缚。设计者们不敢去设想新的设计,设计和制造出的产品往往依靠旧方案做出更新。而 3D 打印技术几乎可以制造出任何复杂结构的零件,所以现在设计人员可以甩开包袱,不用再担忧制造手段是否能实现自己的设计要求。

1. 3D 打印技术的种类

3D 打印技术有许多种类,目前应用得比较广泛的有:SLA(立体光固化成型法)、DLP(数字光处理)技术、FDM(熔融沉积成型)技术、3DP(三维打印成型)技术、SLS(选择性激光烧结成型)技术等。

(1) SLA。

SLA 是用特定波长与强度的激光聚焦到光固化材料表面,使它由点到线,由线到面顺序凝固,达成一个层面的绘图作业,然后升降台在垂直方向移动一个层面的高度,再固化另一个层面。这样层层叠加就会构成一个三维实体。

（2）DLP。

DLP技术和SLA技术比较相似，不过DLP技术使用高分辨率的数字光处理器来固化液态光聚合物，逐层进行光固化，由于每层固化是幻灯片似的片状固化，因此固化速度比同类型的SLA技术速度更快。DLP技术成型的产品精度高，在材料属性、细节和表面光洁度方面可与注塑成型的耐用塑料部件相匹敌。

（3）FDM。

FDM技术工艺的材料一般是热塑性材料，如ABS、尼龙、蜡等。材料在喷头内被加热熔化。喷头沿零件截面轮廓运动，同时将熔化的材料挤出，材料迅速固化，并与周围的材料黏结。每一个层面都是在上一层面上堆积而成，上一层面对当前层面起到定位和支撑的作用。随着高度的增加，层面轮廓的面积和形状都会发生变化，当形状发生较大变化时，上一层面就不能给当前层面提供充分的定位和支撑作用，这就需要设计一些辅助结构对后续层面提供定位和支撑，以保证成型过程的顺利实现。

（4）3DP。

采用3DP技术的3D打印机使用标准喷墨打印技术，通过将液态联结体铺放在粉末薄层上，以打印横截面数据的方式逐层创建各部件，从而创建三维实体模型，采用这种技术打印成型的样品模型与实际产品具有同样的色彩，还可以将彩色分析结果直接描绘在模型上，模型样品所传递的信息较大。

（5）SLS。

SLS技术和3DP技术相似，所用的材料同样是粉末。所不同的是，这种粉末只有在激光照射高温条件下才能熔化。喷粉装置先铺一层粉末材料，将材料预热到接近熔点，然后用激光照射，按扫描的模型的截面形状熔化粉末，被烧结部分黏合到一起。不断循环这一过程，将粉末层层堆积，最终成型为所需的产品。

2.FDM技术的原理

FDM技术的原理：将固体的塑料丝材加热熔化之后通过喷头挤出来，在工作台上堆成一定的形状，熔融状态材料经过散热固化就具有一定的强度，通过这种方式层层叠加，最终制造出所需的产品。

3. FDM 技术常用的打印材料

(1) PLA。

PLA(聚乳酸)以玉米、甜菜、木薯、甘蔗等中的淀粉为原材料,是一种可降解的热塑性塑料,也是一种绿色 3D 打印材料。PLA 的另外一个优点是在打印时不会有臭味,所以比较安全,适合在家里或者教室里使用。该材料的冷却收缩小,零件打印形变相对较小,适合的打印温度为 180～210℃。

(2) ABS。

ABS(丙烯腈-丁二烯-苯乙烯共聚物)是一种强度高、韧性好的热塑性高分子结构材料,有优良的力学性能,其冲击强度极好,可以在 -40～100℃的温度范围内使用,但 ABS 的力学性能受温度的影响较大。ABS 的耐磨性优良,但打印成型过程中的冷却收缩相对较大,因此打印过程中的变形也略大。ABS 适合的打印温度为 210～250℃。

(3) TPE/TPU。

TPE/TPU 是两种热塑性材料,兼具塑料和橡胶的特性,是 3D 打印领域最常用的两种柔性材料。TPU(热塑性聚氨酯弹性体)的硬度比 TPE(热塑性弹性体)更高,TPU 的肖氏硬度为 60～70 HSD,具有很高的弹性范围(一般为 600%～700%),也是当前柔性材料打印的常用材料。TPU 还具有光滑的表面,而 TPE 通常具有更多的橡胶质地。TPU 比大多数 TPE 具有更好的耐磨性,并且 TPU 比 TPE 的收缩量更小,在实践应用过程中,由于 TPE 弹性较好,打印过程中随着自身重量的增加,制件本体弹性变形也会增大,因此打印精度不会很高。

(4) 夜光材料。

夜光材料是一种混合材料,常用现有的 3D 打印材料与荧光材料混合制成。由于各生产厂商生产的工艺及配料方法不一,因此夜光材料的成型收缩量也不一样。

同学们可使用 AutoCAD、Catia、CAXA、Inventor、Pro/Engineer(ProE)、Siemens NX(UG)、Solidworks、3DS MAX、Maya、Zbrush、Cinema 4D、Blender 等软件进行三维建模,也可以从 3D 打印网站下载免费的 3D 打印模型文件,使用 FDM 三维打印机,进行模型的 3D 打印。

任务目标

【素质目标】

养成良好的工作习惯,培养创新制作能力和实践能力,具有良好的职业精神。

【知识目标】

了解 3D 打印技术的种类,熟悉 FDM 技术常用的打印材料,理解 FDM 打印成型的原理。

【能力目标】

能够使用 FDM 打印机制作模型,能够使用软件进行数模切片处理。

实施要点

一、任务准备

工具准备如下:Windows 操作系统电脑(需连接互联网)、切片软件 Cura、斜口钳、铲刀、砂纸、SD 卡、读卡器、手套、A4 白纸一张、镊子。

二、任务实施

不同专业的同学可根据自身的实际情况,合理地获取打印模型,对于学习过三维建模的同学,可以自己动手绘制需要打印的模型,对于暂时不具备建模能力的同学,可以在网站上下载格式为"stl"的模型,使用切片软件对模型进行切片处理,然后将切片数据导入 FDM 3D 打印机进行打印。切片数据处理操作步骤如下。

(1) 打开 Cura 切片软件,单击主菜单"文件"→"读取模型文件",弹出打开 3D 模型对话框,选择自己的模型文件,常见的三维文件格式有"stl""obj",打开前盖文件(见图 6)。

(2) 单击主菜单"专业设置"→"切换到完整配置模式",切换软件配置界面。

(3) 设置基本参数(见图 7)。

(4) 单击支撑选项"详细设置"按钮 ,弹出"专业设置"对话框,设置支撑类型为

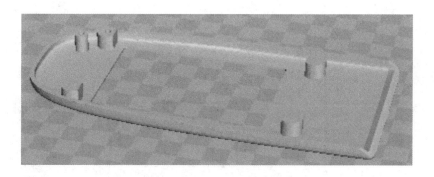

图 6 前盖示意图

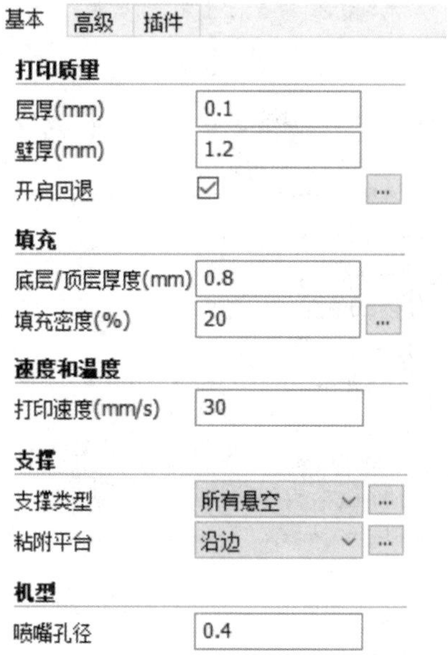

图 7 设置基本参数

"Grid"(见图 8),单击"Ok"按钮。

(5) 单击"高级"选项卡,设置高级参数(见图 9)。

(6) 单击主菜单"机型"→"机型设置",弹出"机型设置"对话框(见图 10),设置参数,单击"确定"按钮。

(7) 单击图 6 所示前盖模型,使用软件操作界面中的 🔲🔲🔲(旋转、缩放、镜像)工具调整模型,单击"旋转"按钮🔲(见图 11),用鼠标左键选中"旋转环"移动鼠标直

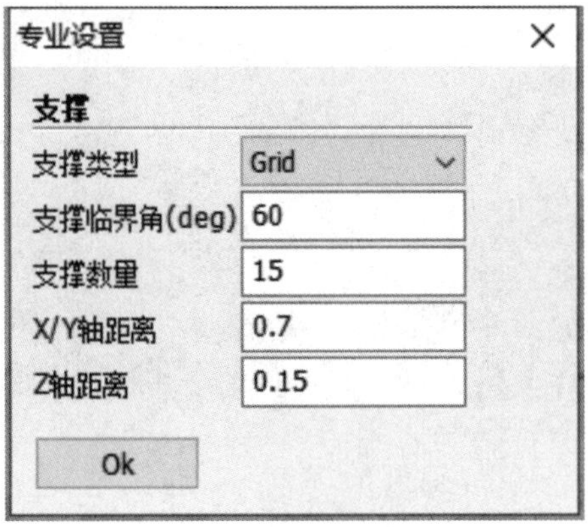

图 8 "专业设置"对话框

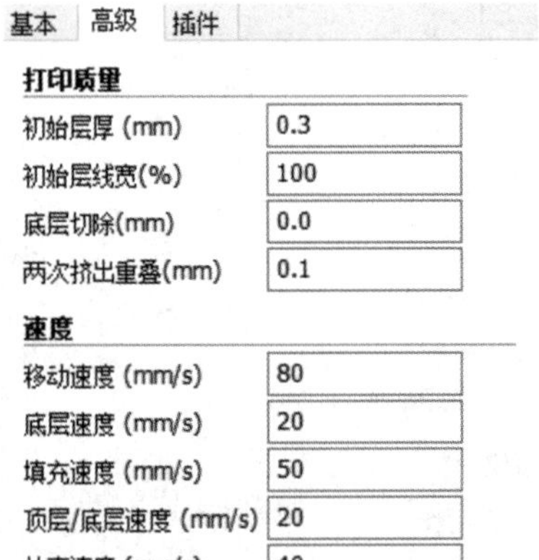

图 9 设置高级参数

到位置合适后,松开鼠标左键,然后按住键盘"shift"键,同时用鼠标操作"旋转环",即可对模型进行精细旋转调整。

(8)单击"视图模式"按钮,选取"Layers"图标 Layers,可对模型分层情况进行观察。

(9)将 SD 卡插入计算机,单击"save tool path"图标,弹出"save tool path"对

图 10 "机型设置"对话框

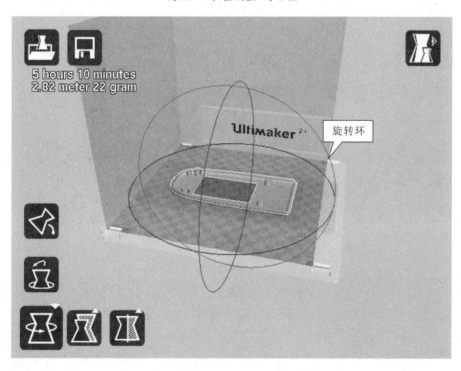

图 11 旋转界面

话框,修改文件名为"qg.gcode",将保存路径选择为 SD 卡,单击"保存"按钮,计算机完成保存后,将在图 11 所示界面中出现"Saved as H:\qg.gcode"的提示。

(10) 模型的打印。

》| 任务拓展

请扫二维码学习3D打印技术的相关知识。

3D打印技术

(作者:武汉城市职业学院　张善军　边庆　沈君逸　胡璟　李杰)

新时代大学美育与劳动教育系列教材

新时代大学生劳动教育

XINSHIDAI DAXUESHENG LAODONG JIAOYU

（高职版）学习成果

主　编 ◎ 李洪渠
副主编 ◎ 耿保荃　宋移安　胡昌杰　段永发　余荣宝　易　操
组　编 ◎ 湖北省高等教育学会

学　校 _____
姓　名 _____
班　级 _____
学　号 _____

华中科技大学出版社
http://press.hust.edu.cn
中国·武汉

目 录
Contents

学习评价与总结 ……………………………………………… 1
专题一　劳动精神 …………………………………………… 1
专题二　工匠精神 …………………………………………… 3
专题三　劳模精神 …………………………………………… 5
专题四　劳动法规 …………………………………………… 7
专题五　劳动安全 …………………………………………… 9

实践任务与评价 ……………………………………………… 11
模块一　日常生活劳动 ……………………………………… 11
模块二　服务性劳动 ………………………………………… 25
模块三　生产劳动 …………………………………………… 50

学习评价与总结

专题一 劳动精神

学习评价

专题一评价

班级：	姓名：		学号：	
评价项目	评价内容	分值	学生自评	教师评价
素质目标	能否树立以辛勤劳动为荣，以好逸恶劳为耻的劳动观	10		
	在日常生活中是否具有劳动责任感、使命感和荣誉感	10		
知识目标	是否理解劳动创造幸福生活的内涵	15		
	是否懂得劳动最光荣、劳动最崇高、劳动最伟大、劳动最美丽的道理	15		
能力目标	能否从身边事做起，积极参加学校和家庭的各项劳动，做热爱劳动、勤于劳动、善于劳动的高素质劳动者	30		
学习总结	是否能依据所学知识准确完成总结	20		
综合评价		100		
学习疑难反馈				

学习总结

请依据所学知识，对照"专题一　劳动精神"的学习目标，结合自己的日常生活，分析自己对崇尚劳动、热爱劳动、诚实劳动和辛勤劳动的基本认识，并说明如何通过劳动实现自我价值。

专题二 工匠精神

学习评价

专题二评价

班级：		姓名：		学号：	
评价项目	评价内容		分值	学生自评	教师评价
素质目标	弘扬工匠精神，树立职业目标，成为高素质技术技能人才，能工巧匠、大国工匠		10		
知识目标	了解工匠精神的时代特征		15		
	掌握工匠精神的内涵		15		
	掌握工匠精神的培育方法		15		
能力目标	能结合自身专业特长培育和传承好工匠精神		15		
	掌握成为大国工匠、能工巧匠的途径和方式		15		
学习总结	是否能依据所学知识准确完成总结		15		
综合评价			100		
学习疑难反馈					

学习总结

请依据技能竞赛项目,总结自己在校期间关于培育工匠精神的收获或体会,结合对"专题二 工匠精神"的理解和实践效果写一篇心得体会。

专题三 劳模精神

学习评价

专题三评价

班级：	姓名：		学号：	
评价项目	评价内容	分值	学生自评	教师评价
素质目标	践行社会主义核心价值观，具有深厚的爱国情感和民族自豪感	10		
	遵纪守法、崇德向善、诚实守信、热爱劳动，履行道德准则和行为规范，具有社会责任感和社会参与意识	10		
	具有劳动意识、工匠精神，具备成为优秀劳动者的基础品质	10		
知识目标	了解劳模精神的时代特征	10		
	掌握新时代劳模精神的内涵	10		
	掌握新时代劳模的培育方法	10		
能力目标	具有分析理解劳模精神，弘扬劳模精神的能力	10		
	具有可以结合自身专业特长，传承劳模精神能力，做到干一行、爱一行、钻一行的能力	10		
	具有探究学习、终身学习和可持续发展的能力	10		
学习总结	是否能依据所学知识准确完成总结	10		
综合评价		100		
学习疑难反馈				

学习总结

针对一些人提出"劳模精神过时""大多数人都成不了劳模和大国工匠,为什么还要弘扬劳模精神?"的言论,结合"专题三　劳模精神"的内容,谈谈应如何理解新时代劳模精神的内涵?新时代高职学生又应该如何践行劳模精神?

专题四 劳动法规

学习评价

专题四评价

评价项目	评价内容	分值	学生自评	教师评价
班级：	姓名：	学号：		
素质目标	具备知法、懂法、守法劳动者的素质	10		
	具备遵守劳动纪律的职业道德	10		
	具备守法公民的社会责任感	10		
知识目标	了解劳动法的概念和基本原则	10		
	了解《中华人民共和国劳动法》《中华人民共和国劳动合同法》，以及知识产权法	10		
	了解劳动合同的概念、劳动争议的处理程序、著作权和专利权的保护范围	10		
能力目标	能够审读劳动合同	10		
	能够合理处理劳动争议，具有维护自己和他人合法权益的能力	10		
	能够判断智力成果是不是职务作品或职务发明	10		
学习总结	是否能依据所学知识准确完成总结	10		
	综合评价	100		
学习疑难反馈				

学习总结

请大家谈一谈学习"专题四 劳动法规"之后的收获与感受。

专题五 劳动安全

学习评价

专题五评价

评价项目	评价内容	分值	学生自评	教师评价
班级：	姓名：	学号：		
素质目标	增强安全意识，提高防范能力	10		
	形成正确的劳动安全观	10		
知识目标	理解劳动安全的概念，理解不同的安全色和安全标志的含义	10		
	掌握劳动安全防护用品的种类及作用	10		
	牢记岗位实习安全要求，理解常见的岗位实习安全问题及预防措施	10		
能力目标	能够正确识别劳动过程中常见的安全色和安全标志	10		
	能够正确识别不同的劳动安全防护用品，正确使用常见的劳动安全防护用品	10		
	掌握劳动安全防范技能，能够正确处理岗位实习安全问题	10		
学习总结	是否能依据所学知识准确完成总结	20		
	综合评价	100		
学习疑难反馈				

学习总结

学习了"专题五　劳动安全"之后,请结合学习内容写一篇学习心得,谈一谈学习的收获或感受。

实践任务与评价

模块一　日常生活劳动

实践任务

任务 1.1 工单

任务名称	一周宿舍卫生劳动清单	学时		班级	
学生姓名		学生学号		成绩	
工作场地				日期	
任务详情	宿舍卫生劳动				
任务目的	围绕宿舍保洁标准设计一周宿舍卫生劳动清单,完成宿舍卫生劳动				

一、任务准备
1. 明确工作任务
(说明:请填写工作任务、工作要求、工作场地、完成时间等信息。)

2. 注意事项
(1) 打扫卫生后,请做好自我清洁。
(2) 打扫位置较高或地面湿滑时,要注意安全。
3. 获取资讯信息
请通过互联网、亲身实践、校园调研(找一位同学)等途径,获取校园生活劳动的含义、常见类型、对大学生的意义等信息。

续表

序号	主题	自我认知
1	你所在的学校有哪些常见的生活劳动形式？	
2	参与这些生活劳动对你的意义有哪些？	
3	你最喜欢的生活劳动有哪些？	
4	参与这些你喜欢的生活劳动对你的成长有哪些帮助(围绕德智体美四个维度描述)？	
5	通过劳动实践,培养了哪些生活劳动技巧？	

二、任务计划

1.分组后,列出小组人员名单。每位成员提出自己的计划和方案并经小组讨论。

2.需要的工具有哪些？

3.自己的工作任务是什么？

三、任务实施

1.活动现场组织

在班主任或宿管员的安排下,小组长组织成员现场实施活动,各成员须服从安排,遵守纪律。

2.活动过程记录

整理活动现场照片,做好活动记录。

3.宣传教育

对宿舍卫生及安全知识进行讲解与宣传,告知身边同学本次活动的意义,呼吁大家爱护宿舍环境,积极参与宿舍大扫除。

四、任务小结

1.通过宿舍卫生大扫除成效检查进行成果展示,分享活动心得。

2.总结在实践过程中存在的问题及改进建议。

学生签名：

年　月　日

》任务评价

任务1.1评价

任务名称	一周宿舍卫生劳动清单		班级		
学生姓名		学生学号		成绩	
工作场地				日期	
评价项目	评价标准		自评	他评	师评
检查任务完成情况	完成任务过程情况(20分)				
	任务完成质量(20分)				
专业知识	掌握宿舍卫生及安全标准(15分)				
	懂得宿舍大扫除的意义(10分)				
	能制定劳动计划,有效完成任务目标(15分)				
职业素养	学习认真,态度端正(5分)				
	服从安排,具有良好的团队协作精神(10分)				
	积极反馈,帮助团队取得更好成绩(5分)				
综合评价	自评(20%)	他评(30%)	师评(50%)	综合得分	

学生签名: 　　　　他人签名: 　　　　教师签名:

实践任务

任务1.2 工单

任务名称	宿舍整理收纳	学时		班级	
学生姓名		学生学号		成绩	
工作场地				日期	
任务详情	开展宿舍整理收纳活动				
任务目的	制定计划,完成宿舍整理收纳				

一、任务准备

1.了解宿舍成员的收纳需求

姓名	年龄	物品取用习惯	私人用品	贵重物品	公共用品	需整理收纳的物品	需整理收纳的区域	现有的收纳器具

小贴士:贵重物品请个人妥善保管,不要随意收纳,以免遗忘或遗失。

2.制定私人物品的收纳需求

类别	名称	数量	使用频率	适用场合	春装	夏装	秋装	冬装	晾晒需求	保养要求
外套										
裤子										
裙子										
衬衣										

小贴士:衣物收纳时也要考虑保养的需要,比如天气晴好时,要根据需要进行晾晒。另外,展示收纳成果前请同学们注意保护自己和室友的隐私。

续表

3.注意事项

（1）做好物品整理收纳需求准备，建议做好记录，方便后续查找。

（2）请慎重决定需丢弃的物品。

二、任务计划

1.分组后，列出小组人员名单。每位成员提出自己的计划和方案并经小组讨论。

2.需要的工具有哪些？

3.自己的工作任务是什么？

三、任务实施

现场执行衣柜整理、床上用品整理、学习用品整理、生活用品整理。

四、任务小结

1.通过课程教学平台等方式进行收纳成果展示，分享活动心得。

2.总结在实践过程中存在的问题及改进建议。

学生签名：

年　月　日

任务评价

任务 1.2 评价

任务名称	宿舍整理收纳			班级		
学生姓名		学生学号		成绩		
工作场地				日期		
评价项目	评价标准			自评	他评	师评
检查任务完成情况	完成任务过程情况(20分)					
	任务完成质量(20分)					
专业知识	掌握宿舍整理收纳标准(15分)					
	懂得宿舍整理收纳的意义(10分)					
	能制定劳动计划,有效完成任务目标(15分)					
职业素养	学习认真,态度端正(5分)					
	服从安排,具有良好的团队协作精神(10分)					
	积极反馈,帮助团队取得更好成绩(5分)					
综合评价	自评(20%)	他评(30%)	师评(50%)	综合得分		
学生签名:		他人签名:		教师签名:		

实践任务

任务1.3 工单

任务名称	宣传垃圾分类政策	学时		班级	
学生姓名		学生学号		成绩	
工作场地				日期	
任务详情	面向社区居民或校园同学宣传垃圾分类政策				
任务目的	制定计划,完成垃圾分类的宣传				

一、任务准备

1.明确工作任务

(说明:请填写工作任务、工作要求、工作场地、完成时间等信息。)

2.注意事项

(1)做好个人防护,注意人身安全。

(2)接触有害垃圾时,要严格遵守工作规程。

3.获取资讯信息

(1)通过网上信息检索、实地考察、人物访谈等多种形式了解国家当前的"双碳"政策、举措,垃圾的定义、来源和危害,熟悉垃圾的分类、收集、运输和处理等环节。

序号	主题	自我认知
1	国家当前的"双碳"政策	
2	节能减排的举措	
3	垃圾的定义	
4	垃圾的来源	
5	垃圾的分类、收集、运输和处理的过程	

(2)生活垃圾分为_____、_____、_____、_____四类。

二、任务计划

1.分组后,列出小组人员名单。每位成员提出自己的计划和方案并经小组讨论。

2.需要的工具有哪些?

续表

3.自己的工作任务是什么?

三、任务实施

1.活动现场组织

在社区工作人员或教师的安排下,小组长组织成员现场实施活动,各成员须服从安排,遵守纪律。

2.活动过程记录

整理活动现场照片,做好活动记录。

3.宣传教育

对垃圾分类知识进行讲解与宣传,告知身边同学或社区居民本次活动的意义,呼吁大家爱护环境,积极参与垃圾分类推广事业。

四、任务小结

1.通过召开以"节能环保"为主题的班会来进行成果展示,分享活动心得。

2.总结在实践过程中存在的问题及改进建议。

学生签名:

年　月　日

任务评价

任务 1.3 评价

任务名称	宣传垃圾分类政策		班级		
学生姓名		学生学号		成绩	
工作场地				日期	
评价项目	评价标准		自评	他评	师评
检查任务完成情况	完成任务过程情况(20分)				
	任务完成质量(20分)				
专业知识	掌握垃圾分类标准(15分)				
	懂得垃圾分类的意义(10分)				
	能制定劳动计划,有效完成任务目标(15分)				
职业素养	学习认真,态度端正(5分)				
	服从安排,具有良好的团队协作精神(10分)				
	积极反馈,帮助团队取得更好成绩(5分)				
综合评价	自评(20%)	他评(30%)	师评(50%)	综合得分	

学生签名: 　　　　　他人签名: 　　　　　教师签名:

实践任务

任务1.4 工单

任务名称	开展实训室劳动		学时		班级	
学生姓名			学生学号		成绩	
工作场地					日期	
任务详情	按照"6S"管理模式开展实训室劳动					
任务目的	制定计划,完成实训室劳动					

一、任务准备
1.明确工作任务
(说明:请按照"6S"(整理、整顿、清扫、清洁、素养、安全)标准的要求填写。)

2.注意事项
(1) 做好个人防护,注意人身安全。
(2) 提前了解设备的特性及摆放要求,严格遵守工作流程。
3.获取资讯信息
请你观察本专业某门课程的实训室,在实训教师的指导下完成该练习(结合"6S"管理模式,思考整理过程)。

专业实训室的整理日志

实训室功能区域	实训设备名称	设备现状	摆放位置	整理措施	自查安全隐患
实践教学区					
理论教学区					
陈列展示区					
阅览区					
物资准备区					

小贴士:很多实训设备不易搬动且有操作安全要求,请务必在实训教师的指导下完成。

续表

设备现状：

整理措施：

二、任务计划

1.分组后，列出小组人员名单。每位成员提出自己的计划和方案并经小组讨论。

2.需要的工具有哪些？

3.自己的工作任务是什么？

三、任务实施

1.活动现场组织

在实训教师的安排下，小组长组织成员现场实施活动，各成员须服从安排，遵守纪律。

2.活动过程记录

整理活动现场照片，做好活动记录。

3.宣传教育

不同专业的实训室各具特色，经过同学们辛勤打磨的作品体现了"敬业、精益、专注、创新"的工匠精神，学院希望能在实训室开设一场展示专业特色的实训成果展览活动，请你拍照或录制短视频展示最能体现实训成果的劳动瞬间。

续表

四、任务小结
1. 通过实训成果展览进行劳动成果展示,分享活动心得。 2. 总结在实践过程中存在的问题及改进建议。   　　　　　　　　　　　　　　　　　　　　　　学生签名： 　　　　　　　　　　　　　　　　　　　　　　　　年　月　日

》 任务评价

任务1.4评价

任务名称	开展实训室劳动		班级		
学生姓名		学生学号	成绩		
工作场地			日期		
评价项目	评价标准		自评	他评	师评
检查任务完成情况	完成任务过程情况(20分)				
	任务完成质量(20分)				
专业知识	掌握实训室还原、规整、卫生清理的劳动技能(15分)				
	懂得实训室"6S"管理的意义(10分)				
	能制定劳动计划,有效完成任务目标(15分)				
职业素养	学习认真,态度端正(5分)				
	服从安排,具有良好的团队协作精神(10分)				
	积极反馈,帮助团队取得更好成绩(5分)				
综合评价	自评(20%)	他评(30%)	师评(50%)	综合得分	

学生签名: 　　　　　　他人签名: 　　　　　　教师签名:

模块学习总结

学习了模块一之后,请在此处写下学习的收获、感受或建议等。

模块二　服务性劳动

▶▶ 实践任务

任务 2.1 工单

任务名称	环境保护志愿服务活动	学时		班级	
学生姓名		学生学号		任务成绩	
工作场地				日期	
任务详情	公园、绿化带卫生打扫及白色垃圾清理				
任务目的	组织志愿者或参加志愿服务组织,制定工作计划,完成清扫活动				

一、任务准备
1. 明确工作任务
（说明：请填写工作任务、工作要求、工作场地、完成时间等信息。）

2. 注意事项
（1）做好个人防护,注意人身安全。
（2）提前自备劳动工具,严格遵守工作流程,服从安排。
3. 活动思考
（1）还有哪些形式的绿色环保志愿服务活动？
（2）如何提升参与绿色环保志愿服务活动的能力？
（3）环境保护志愿服务活动的意义是什么？
（4）志愿服务过程中应该注意哪些问题？
二、任务计划
1. 列出成员名单,进行分组和任务分工,确定清扫标准。
（填写小组人员名单,挑选小组长,负责清理的区域和垃圾种类。）

2. 需要的工具有哪些？

续表

3.自己的工作任务是什么？

三、任务实施

1.活动现场组织

在志愿服务组织负责人或教师的安排下，小组长组织成员现场实施活动，各成员须服从安排，遵守纪律。

2.活动过程记录

整理活动现场照片，做好活动记录。

3.宣传教育

对志愿服务活动进行讲解与宣传，告知身边同学本次活动的意义，并呼吁大家在日常生活中要爱护校园环境，减少白色垃圾，积极参与环境保护活动。

四、任务小结

1.通过班级 QQ 群、微信群等进行成果展示，分享活动心得。

2.总结在实践过程中存在的问题及改进建议。

学生签名：

年　月　日

》 任务评价

任务 2.1 评价

任务名称	环境保护志愿服务活动		班级	
学生姓名		学生学号	成绩	
工作场地			日期	
评价项目	评价标准		自评	师评
检查任务完成情况	完成任务过程情况(20分)			
	任务完成质量(20分)			
专业知识	掌握参加志愿服务的基本流程(15分)			
	懂得志愿服务活动的意义(10分)			
	能制定活动计划,有效完成任务目标(15分)			
职业素养	学习认真,态度端正(5分)			
	服从安排,具有良好的团队协作精神(10分)			
	积极反馈,帮助团队取得更好成绩(5分)			
综合评价	自评(20%)	师评(50%)	综合得分	

学生签名:　　　　　他人签名:　　　　　教师签名:

任务2.1 学习总结

学习了任务2.1之后,请在此处写下学习的收获、感受或建议等。

实践任务

任务 2.2 工单

任务名称	会议接待	学时		班级	
学生姓名		学生学号		成绩	
工作场地				日期	
任务详情	高校会议接待				
任务目的	制定工作计划,完成会议接待流程,体现能力与素养的结合				

一、任务准备

1.明确工作任务

(说明:请填写工作任务、工作要求、工作场地、完成时间等信息。)

2.获取资讯信息

通过网上信息检索、实地考察、人物访谈等多种形式了解会议接待工作的重要性,以及成为学校劳动教育甚至全局工作中不可或缺的一部分的原因。

序号	主题	自我认知
1	国家当前关于会议接待的政策有哪些?	
2	你们学校对于会议接待有哪些规定?	
3	举例说明大学阶段会参与哪些会议接待?	
4	会议接待的分类以及流程。	

二、任务计划

1.分组后,列出小组人员名单。每位成员提出自己的计划和方案并经小组讨论。

续表

2.要做的准备工作有哪些?

3.自己的工作任务是什么?

三、任务实施

1.活动现场组织

在教师的安排下,小组长组织成员讨论会议接待工作的注意事项,现场实施分工,各成员须服从安排,遵守纪律。

2.活动过程记录

整理活动现场照片,做好活动记录。

3.宣传教育

对会议接待礼仪知识进行讲解与宣传,告知身边同学本次活动的意义,接待礼仪有利于社会主义精神文明建设、提高个人素质、促进学校对外交流。

四、任务小结

1.通过班级QQ群、微信群等进行成果展示,分享活动心得。

2.总结在实践过程中存在的问题及改进建议。

学生签名:

年　月　日

任务评价

任务 2.2 评价

任务名称	会议接待		班级		
学生姓名		学生学号		成绩	
接待场地				日期	
评价项目	评价标准		自评	他评	师评
检查任务完成情况	完成任务过程情况(20分)				
	任务完成质量(20分)				
专业知识	掌握会议接待标准(15分)				
	了解会议接待的意义(10分)				
	能制定劳动计划,有效完成任务目标(15分)				
职业素养	学习认真,态度端正(5分)				
	服从安排,具有良好的团队协作精神(10分)				
	积极反馈,帮助团队取得更好成绩(5分)				
综合评价	自评(20%)	他评(30%)	师评(50%)	综合得分	

学生签名: 　　　　　　他人签名: 　　　　　　教师签名:

任务 2.2 学习总结

学习了任务 2.2 之后,请在此处写下学习的收获、感受或建议等。

实践任务

任务2.3.1 工单

任务名称	校园急救知识宣讲	学时		班级	
学生姓名		学生学号		任务成绩	
工作场地				日期	
任务详情	成立校园急救知识宣讲团,全面普及和强化急救知识和技能				
任务目的	推进健康校园建设,提高师生自救互救能力				

一、任务准备

1.明确工作任务

(说明:请填写工作任务、工作要求、工作场地、完成时间等信息。)

2.注意事项

(1)制作宣传图册,急救健康科普时注意互动。

(2)模拟救护患者时,要严格遵守工作流程。

3.获取资讯信息

通过网上信息检索、社区医院访谈等多种形式了解国家当前的急救政策举措、卫生健康工作部署等。

序号	主题	自我认知
1	《关于进一步完善院前医疗急救服务的指导意见》	
2	《国务院关于实施健康中国行动的意见》(国发〔2019〕13号)	
3	《健康中国行动(2019—2030年)》	

二、任务计划

1.分组后,列出小组人员名单。每位成员提出自己的计划和方案并经小组讨论。

续表

2.需要的工具有哪些?

3.自己的工作任务是什么?

三、任务实施

1.活动现场组织

在专业教师的安排下,小组长组织成员现场实施活动,各成员须服从安排,遵守纪律。

2.活动过程记录

整理活动现场照片,做好活动记录。

3.宣传教育

对常见疾病或意外处理、校园突发事件应对等进行讲解与宣传,重点普及海姆立克急救法和心肺复苏急救方法,制作宣传海报,呼吁大家提高自救意识和互救能力,织好校园"安全网"。

四、任务小结

1.通过课程学习平台等方式进行成果展示,分享活动心得。

2.总结在实践过程中存在的问题及改进建议。

学生签名:

年　月　日

>> 任务评价

任务 2.3.1 评价

任务名称	校园急救知识宣讲		班级		
学生姓名		学生学号		成绩	
工作场地				日期	
评价项目	评价标准		自评	他评	师评
检查任务完成情况	完成任务过程情况(20分)				
	任务完成质量(20分)				
专业知识	掌握基本卫生救护知识(15分)				
	能对病情预判及实施初步急救措施(10分)				
	能制定行动计划,有效完成任务目标(15分)				
职业素养	学习认真,态度端正(5分)				
	服从安排,具有良好的团队协作精神(10分)				
	积极反馈,帮助团队取得更好成绩(5分)				
综合评价	自评(20%)	他评(30%)	师评(50%)	综合得分	

学生签名: 　　　　他人签名: 　　　　教师签名:

实践任务

任务 2.3.2 工单

任务名称	"海姆立克急救法"培训活动		学时		班级	
学生姓名			学生学号		任务成绩	
工作场地					日期	
任务详情	以小组为单位对学校师生普及"海姆立克急救法"的相关知识,讲解病情识别、急救方法,并现场演示操作要点					
任务目的	普及"海姆立克急救法"知识和技能					

一、任务准备

1.明确工作任务

(说明:请填写工作任务、工作场地、完成时间等信息。)

2.注意事项

(1)创设生活场景,按标准模拟演示。

(2)健康宣教时注意互动。

3.获取资讯信息

通过网上信息检索、医院参观等多种形式了解呼吸衰竭的诊疗指南、气管异物诊治进展等。

序号	主题	自我认知
1	严重急性低氧性呼吸衰竭急诊治疗专家共识	
2	呼吸衰竭的临床护理进展	
3	成人气管支气管异物诊治进展	

二、任务计划

1.分组后,列出小组人员名单。每位成员提出自己的计划和方案并经小组讨论。

续表

2.需要的工具有哪些?

3.自己的工作任务是什么?

三、任务实施

1.活动现场组织

在医院医生或教师的安排下,小组长组织成员现场实施活动,各成员须服从安排,遵守纪律。

2.活动过程记录

整理活动现场照片,做好活动记录。

3.宣传教育

对全校师生进行气道异物梗阻的预防、病情识别及急救措施科普,呼吁大家增强对急性呼吸衰竭的认识,掌握气道异物阻塞时的救护技术。

四、任务小结

1.通过课程学习平台等方式进行成果展示,分享活动心得。

2.总结在实践过程中存在的问题及改进建议。

学生签名:

年　月　日

任务评价

任务 2.3.2 评价

任务名称	"海姆立克急救法"培训活动			班级		
学生姓名		学生学号		成绩		
工作场地				日期		
评价项目	评价标准			自评	他评	师评
检查任务完成情况	完成任务过程情况(20分)					
	任务完成质量(20分)					
专业知识	能识别并初步急救气道异物梗阻患者(15分)					
	熟悉急性呼吸衰竭的急救护理措施(10分)					
	能制定行动计划,有效完成任务目标(15分)					
职业素养	学习认真,态度端正(5分)					
	服从安排,具有良好的团队协作精神(10分)					
	积极反馈,帮助团队取得更好成绩(5分)					
综合评价	自评(20%)	他评(30%)	师评(50%)	综合得分		
学生签名:		他人签名:		教师签名:		

实践任务

任务 2.3.3 工单

任务名称	防中暑安全教育主题班会	学时		班级	
学生姓名		学生学号		任务成绩	
工作场地				日期	
任务详情	举行防中暑主题班会,分组汇报中暑防治措施				
任务目的	1.增强对中暑的认识和重视; 2.掌握中暑后的急救护理措施				

一、任务准备
1.明确工作任务
(说明:请填写工作任务、工作要求、工作场地、完成时间等信息。)

2.注意事项
(1)查阅资料要有方法、有分工、有出处。
(2)班会设置提问、讨论环节。

3.获取资讯信息
通过网上信息检索、身边事例等了解中暑的诊疗指南、护理规范等。

序号	主题	自我认知
1	公众高温中暑预防与紧急处理指南	
2	热射病规范化诊断与治疗专家共识	
3	中暑的护理措施	

二、任务计划

1.分组后,列出小组人员名单。每位成员提出自己的计划和方案并经小组讨论。

续表

2.需要的工具有哪些?

3.自己的工作任务是什么?

三、任务实施

1.活动现场组织

在教师的安排下,小组长组织成员现场实施活动,各成员须服从安排,遵守纪律。

2.活动过程记录

整理活动现场照片,做好活动记录。

3.宣传教育

分组汇报查阅的资料,阐述中暑的临床表现、预防及救护措施。呼吁大家重视中暑危害,避免发生中暑,提高发生中暑后的自救互救能力。

四、任务小结

1.通过班级课程学习平台等方式进行成果展示,分享活动心得。

2.总结在实践过程中存在的问题及改进建议。

学生签名:

年　月　日

任务评价

任务 2.3.3 评价

任务名称	防中暑安全教育主题班会		班级		
学生姓名		学生学号		成绩	
工作场地				日期	
评价项目	评价标准		自评	他评	师评
检查任务完成情况	完成任务过程情况(20 分)				
	任务完成质量(20 分)				
专业知识	掌握中暑的预防和救护知识(15 分)				
	熟悉中暑的病情表现(10 分)				
	能制定调研计划,有效完成任务目标(15 分)				
职业素养	学习认真,态度端正(5 分)				
	服从安排,具有良好的团队协作精神(10 分)				
	积极反馈,帮助团队取得更好成绩(5 分)				
综合评价	自评(20%)	他评(30%)	师评(50%)	综合得分	

学生签名: 　　　　他人签名: 　　　　教师签名:

实践任务

任务 2.3.4 工单

任务名称	CPR+AED 急救培训	学时		班级	
学生姓名		学生学号		任务成绩	
工作场地				日期	
任务详情	CPR+AED 急救培训，提高师生对心脏骤停的急救技能				
任务目的	1.普及急救操作技术； 2.进一步完善校园应急体系建设				

一、任务准备

1.明确工作任务

（说明：请填写工作任务、工作要求、工作场地、完成时间等信息。）

2.注意事项

（1）熟练掌握 AED 操作步骤，注意 AED 的维护管理。

（2）组织学生模拟情境演练。

3.获取资讯信息

通过网上信息检索、医院参观等了解休克的诊疗指南、护理规范等。

序号	主题	自我认知
1	拯救脓毒症运动：2021年国际脓毒症和脓毒性休克管理指南	
2	急性心肌梗死合并心原性休克诊断和治疗中国专家共识(2021)	
3	休克患者的护理措施	

二、任务计划

1.分组后，列出小组人员名单。每位成员提出自己的计划和方案并经小组讨论。

续表

2.需要的工具有哪些?

3.自己的工作任务是什么?

三、任务实施

1.活动现场组织

在教师的安排下,小组长组织成员现场实施活动,各成员须服从安排,遵守纪律。

2.活动过程记录

整理活动现场照片,做好活动记录。

3.宣传教育

示教 CPR+AED 操作流程,增强师生的急救意识和急救能力,提高心脏骤停等紧急情况下的自救互救能力。

四、任务小结

1.通过班级 QQ 群、微信群等进行成果展示,分享活动心得。

2.总结在实践过程中存在的问题及改进建议。

学生签名:

年　月　日

》| 任务评价

任务 2.3.4 评价

任务名称	CPR+AED 急救培训		班级		
学生姓名		学生学号		成绩	
工作场地				日期	
评价项目	评价标准		自评	他评	师评
检查任务完成情况	完成任务过程情况(20分)				
	任务完成质量(20分)				
专业知识	掌握休克的病情观察要点(15分)				
	具备CPR、AED操作技术(10分)				
	能制定培训计划,有效完成任务目标(15分)				
职业素养	学习认真,态度端正(5分)				
	服从安排,具有良好的团队协作精神(10分)				
	积极反馈,帮助团队取得更好成绩(5分)				
综合评价	自评(20%)	他评(30%)	师评(50%)	综合得分	
学生签名：		他人签名：		教师签名：	

任务2.3 学习总结

学习了任务2.3之后,谈一谈学习的收获或感受,从个人和社会层面谈谈急救的意义。

实践任务

任务 2.4 工单

任务名称	消防应急演练	学时		班级	
学生姓名		学生学号		任务成绩	
工作场地				日期	
任务详情	现场出现火情,广播后所有疏散人员必须在 5 分钟内按照逃生疏散图方向逃生,撤离至消防紧急集合点				
任务目的	增强学生的消防安全意识和自救技能				

一、任务准备
1. 明确工作任务
(说明:请填写工作任务、工作要求、工作场地、完成时间等信息。)

2. 注意事项
(1) 做好个人防护,注意人身安全。
(2) 提前自备演练工具,严格遵守工作流程,服从安排。
3. 活动思考
(1) 校园中最常见的火灾隐患有哪些?
(2) 你是否知道疏散逃生安全出口?
(3) 你是否知道消火栓、灭火器在什么地方?
(4) 如何防止踩踏事故的发生?
二、任务计划
1. 列出成员名单,进行分组和任务分工,明确职责。
(注意疏散要求、疏散方向、集合地点。)

2. 需要的工具有哪些?

3. 自己的工作任务是什么?

续表

三、任务实施 1.活动现场组织 在消防演练负责人或教师的指挥下,消防小队长按演练方案实施,各成员须服从安排,遵守纪律。 2.活动过程总结 对演练过程进行摄像,做好活动总结。 3.宣传教育 对演练活动进行讲解与宣传,告知身边同学本次活动的意义,为今后灭火、救援、逃生积累经验。 四、任务小结 1.通过班级 QQ 群、微信群等进行成果展示,分享活动心得。 2.总结演练过程中存在的问题及改进建议。 学生签名: 年　月　日

》任务评价

任务 2.4 评价

任务名称	消防应急演练			班级		
学生姓名		学生学号		成绩		
工作场地				日期		
评价项目	评价标准			自评	他评	师评
检查任务完成情况	完成任务过程情况(20分)					
	任务完成质量(20分)					
专业知识	掌握参加消防演练的基本流程(15分)					
	懂得消防演练活动的意义(10分)					
	能制定活动计划,有效完成任务目标(15分)					
职业素养	学习认真,态度端正(5分)					
	服从安排,具有良好的团队协作精神(10分)					
	积极反馈,帮助团队取得更好成绩(5分)					
综合评价	自评(20%)	他评(30%)	师评(50%)	综合得分		

学生签名: 他人签名: 教师签名:

任务2.4 学习总结

学习了任务2.4之后,请在此处写下学习的收获、感受或建议等。

模块三　生产劳动

> **实践任务**

任务3.1 工单

任务名称	绕线画的制作		学时		班级	
学生姓名			学生学号		任务成绩	
工作场地					日期	
任务详情	制作绕线画：五角星					
任务目的	了解五角星的意义，掌握绕线画的制作方法，完成五角星绕线画					

一、任务准备
1.明确工作任务
（说明：请填写工作任务、工作要求、工作场地、完成时间等信息。）

2.注意事项
（1）绕线时需循序渐进，不可操之过急，排列的原则是尽量保证线之间的平行，兼顾渐变。
（2）502胶水是必需品，中途用来随机固定线端。注意不要让502胶水滴溅到眼中。
（3）绕线制作的整个过程需要保持良好心态，制作前要有一定的心理建设和相应的时间规划，包括中途休息的时间安排。
3.获取资讯信息
（1）通过网上信息检索、实物观摩等多种形式了解绕线画的制作工具、手法、程序和步骤。

序号	主题	自我认知
1	常见绕线画的制作方式	
2	绕线画的主要制作工具	
3	绕线画的常用绕法	

（2）绕线画的绕法有＿＿＿＿、＿＿＿＿、＿＿＿＿、＿＿＿＿共四类。

二、任务计划
1.分组后，列出小组人员名单。每位成员提出自己的计划和方案并经小组讨论。

续表

2.需要的工具有哪些?

3.自己的工作任务是什么?

三、任务实施

1.活动现场组织

在教师的安排下,小组长组织成员现场实施活动,各成员须服从安排,遵守纪律。

2.活动过程记录

整理活动现场照片,做好活动记录。

3.宣传教育

对绕线画知识进行讲解与宣传,告知身边同学本次活动的意义,呼吁大家多开展手工创作,提高审美,弘扬传统文化。

四、任务小结

1.通过班级 QQ 群、微信群等进行成果展示,分享活动心得。

2.总结在实践过程中存在的问题及改进建议。

学生签名:

年　月　日

任务评价

任务3.1评价

任务名称	绕线画的制作		班级		
学生姓名		学生学号	成绩		
工作场地			日期		
评价项目	评价标准		自评	他评	师评
检查任务完成情况	完成任务过程情况(20分)				
	任务完成质量(20分)				
专业知识	掌握绕线画的制作方式(15分)				
	掌握绕线画的制作要点(10分)				
	会使用绕线画的制作工具,有效完成任务目标(15分)				
职业素养	学习认真,态度端正(5分)				
	服从安排,具有良好的团队协作精神(10分)				
	积极反馈,帮助团队取得更好成绩(5分)				
综合评价	自评(20%)	他评(30%)	师评(50%)	综合得分	

学生签名: 　　　　　他人签名: 　　　　　教师签名:

实践任务

任务3.2 工单

任务名称	制作杆秤的技术和步骤		学时		班级	
学生姓名			学生学号		任务成绩	
工作场地					日期	
任务详情	设计和制作杆秤					
任务目的	设计制作方案,利用杆秤原理制作杆秤					

一、任务准备
1. 明确工作任务
(说明:请填写工作任务、工作要求、工作场地、完成时间等信息。)

2. 注意事项
(1) 在制作杆秤的过程中,注意安全操作。
(2) 在标记杆秤刻度时,要不断尝试,提高杆秤称量的精准度。

3. 获取资讯信息
(1) 通过网上信息检索、实际操作等多种形式了解我国杆秤的历史、结构组成、工作原理、使用方法、制作材料等。

序号	主题	自我认知
1	杆秤的历史	
2	杆秤的结构组成	
3	杆秤的工作原理	
4	杆秤的使用方法	
5	杆秤的制作材料	

(2) 杆秤的秤杆、提绳、秤砣和秤盘分别代表杠杆原理中的_____、_____、_____和_____。

续表

二、任务计划

1. 分组后,列出小组人员名单。每位成员提出自己的计划和方案并经小组讨论。

2. 需要的工具有哪些?

3. 自己的工作任务是什么?

三、任务实施

1. 讨论并设计制作方案

以小组合作的形式,讨论并设计杆秤的制作方案。

2. 主要制作步骤

(1) 钻孔确定提环、挂钩的位置。

(2) 标记杆秤刻度:秤盘不放任何东西,调节秤砣位置,使秤杆平衡,标上零刻度;在秤盘上依次放不同已知质量的砝码,调节秤砣位置,使秤杆平衡,标上刻度。取掉砝码,0 g 刻度和 10 g 刻度之间用尺平均划分,标上 1 g 刻度、5 g 刻度等。

四、任务小结

1. 以小组为单位进行效果评定,看哪个小组制作的杆秤的称量结果更准。

2. 分析在制作过程中存在的问题并加以改进。

学生签名:

年 月 日

任务评价

任务 3.2 评价

任务名称	制作杆秤的技术和步骤		班级		
学生姓名		学生学号	成绩		
工作场地			日期		
评价项目	评价标准		自评	他评	师评
检查任务完成情况	完成任务过程情况(20分)				
	任务完成质量(杆秤称量准确度)(20分)				
专业知识	掌握制作杆秤的原理与方法(15分)				
	了解杆秤代表的文化内涵(10分)				
	能设计制作方案,有效完成任务目标(15分)				
职业素养	学习认真,态度端正(5分)				
	具有良好的团队协作精神(10分)				
	积极思考,给出建议,提升杆秤称量的准确度(5分)				
综合评价	自评(20%)	他评(30%)	师评(50%)	综合得分	
学生签名: 他人签名: 教师签名:					

实践任务

任务 3.3 工单

任务名称	蒸汽杀青、揉捻		学时		班级	
学生姓名			学生学号		任务成绩	
工作场地					日期	
任务详情	恩施玉露制作工艺之鲜叶蒸汽杀青、揉捻（搂端搓扎）					
任务目的	按照任务工单，完成杀青、揉捻两道恩施玉露制茶工序					

一、任务准备

1.明确工作任务

（说明：请填写工作任务、工作要求、工作场地、工作完成时间等信息。）

2.注意事项

（1）做好个人防护，注意食品安全、人身安全。

（2）严格遵守工序流程、注意时间、技巧等步骤。

3.获取资讯信息

（1）通过在线课程学习、网上信息检索、社会实践等多种形式了解恩施玉露特征、制茶基本流程及蒸汽杀青机器，尤其是搂端搓扎四个非遗揉捻手法。

序号	主题	自我认知
1	蒸汽杀青与炒青、晒青的异同？	
2	怎样观察蒸汽杀青是否符合标准？	
3	搂端搓扎的手法分别是什么？	

（2）恩施玉露古法制茶揉捻手法分_____、_____、_____、_____四类。

二、任务计划

1.分组后，列出小组人员名单。每位成员提出自己的计划和方案并经小组讨论。

续表

2.需要的工具有哪些?

3.自己的工作任务是什么?

三、任务实施

1.活动现场组织

在教师(校外非遗传人、校内技能教师)的安排下,小组长组织成员现场实施活动,各成员须服从安排,遵守纪律。

2.活动过程记录

整理活动现场照片,做好活动记录。

3.宣传教育

对恩施玉露的制茶及冲泡技艺进行展示,让同学们体验"一片东方树叶"的神奇与恩施玉露的绿润清甜,呼吁大家热爱中国传统文化,推广中国茶,传承非遗茶技艺。

四、任务小结

1.通过班级课程学习平台等方式进行成果展示,分享活动心得。

2.总结在实践过程中存在的问题及改进建议。

学生签名:

年　月　日

任务评价

任务3.3评价

任务名称	蒸汽杀青、揉捻		班级		
学生姓名		学生学号	成绩		
工作场地			日期		
评价项目	评价标准		自评	他评	师评
检查任务完成情况	完成任务过程情况(20分)				
	任务完成质量(20分)				
专业知识	掌握制茶工序流程中的揉捻技艺(15分)				
	知道蒸青茶与炒青茶的异同,了解茶故事(10分)				
	能制定劳动计划,有效完成任务目标(15分)				
职业素养	学习认真,态度端正(5分)				
	服从安排,具有良好的团队协作精神(10分)				
	积极反馈,帮助团队取得更好成绩(5分)				
综合评价	自评(20%)	他评(30%)	师评(50%)	综合得分	

学生签名： 他人签名： 教师签名：

实践任务

任务 3.4 工单

任务名称	使用 FDM 打印机制作模型	学时		班级	
学生姓名		学生学号		任务成绩	
工作场地				日期	
任务详情	获取三维模型,对模型进行切片处理,根据切片数据进行 3D 打印				
任务目的	使用三维模型,完成 3D 打印				

一、任务准备
1.明确工作任务
(说明:请填写工作任务、工作要求、工作场地、工作完成时间等信息。)

2.注意事项
(1) 从网上下载模型时,防止进入钓鱼网站。
(2) 常用 FDM 桌面打印机喷嘴直径为 0.4mm,打印细节小于 0.4mm 时,将无法完成细节打印。
(3) 获取三维打印模型(自绘或下载不限),最终三维模型文件后缀为"stl",选择模型时需考虑打印时间,建议单个模型尺寸小于 100 mm×100 mm×100 mm(长×宽×高)。
(4) 不同材料的打印温度不同,需根据自己选定的材料进行打印参数设定。

3.获取资讯信息
(1) 通过网上信息检索、了解打印过程中的工艺支撑种类。
(2) 3D 打印工艺支撑有_____、_____、_____三类。

二、任务计划
1.分组后,列出小组人员名单。每位成员提出自己的计划和方案并经小组讨论。

续表

2.需要的工具有哪些？   3.自己的工作任务是什么？   三、任务实施 1.活动现场组织 在社区工作人员或教师的安排下，小组长组织成员现场实施活动，各成员须服从安排，遵守纪律。 2.活动过程记录 整理活动现场照片，做好活动记录。   四、任务小结 1.通过班级课程学习平台等方式进行成果展示，分享活动心得。 2.总结选型的优势、不足及后期改进建议。   学生签名： 　　年　月　日

任务评价

任务 3.4 评价

任务名称	使用 FDM 打印机制作模型		班级		
学生姓名		学生学号	成绩		
工作场地			日期		
评价项目	评价标准		自评	他评	师评
检查任务完成情况	完成任务过程情况(20 分)				
	任务完成质量(20 分)				
专业知识	掌握 FDM 打印的流程(15 分)				
	能进行模型切片处理(10 分)				
	能操作 FDM 打印机,打印出合格的零件(15 分)				
职业素养	学习认真,态度端正(5 分)				
	服从安排,具有良好的团队协作精神(10 分)				
	积极反馈,帮助团队取得更好成绩(5 分)				
综合评价	自评(20%)	他评(30%)	师评(50%)	综合得分	
学生签名:		他人签名:		教师签名:	

模块学习总结

学习了模块三之后,请结合学习内容写一篇学习心得,谈一谈学习生产劳动的收获、感受或建议。